牛津非常短講 011

A VERY SHORT INTRODUCTION

Ronald de Sousa

LOVE

葉佳怡　譯

羅納德·德·索薩

愛

給蜻蜓・馬・德・索薩（Ma de Sousa）

目次

第二章　觀點……37

第三章　渴望……69

配圖列表

致謝

感謝許多朋友、同事和學生，他們都對本書或相關資料的草稿提供了建議、想法和批評。我特別感謝維比克（Bruno Verbeek）二〇一二年春天邀請我到荷蘭萊頓大學分享這本書最初的想法，在場幾位聽眾提出了令人興奮的評論和建議。以下這些學校的學生和同儕，也提供了類似的幫助：布達佩斯羅蘭大學，尤其感謝博羅斯（Gabor Borós）、薩萊（Judit Szalai）、魯茲薩（Ferenc Ruzsa）和布朗（Eric Brown）；紐約市立大學研究生中心；卡加利大學，特別是米戈蒂（Mark Migotti）、懷亞特（Nicole Wyatt）、麥金托什（Jack MacIntosh）和麥金農（Rachel McKinnon）；以及多倫多大學的研討會。

我也十分感謝牛津大學出版社匿名讀者明智的批評意見。德加斯佩里斯（Lana DeGasperis）在整個寫作過程中提供了批評性評論和編輯上的協助。伊根

（David Egan）建議了許多大幅刪減，讓原稿能夠縮減到它該有的分量，他的意見也導致了許多其他地方的改進。我還要深深地感謝蜻蜓（Qingting Ma de Sousa）、皮斯曼尼（Arina Pismenny）、桑朱利亞諾（Anthony Sangiuliano）和杜（Jacqueline To）：他們所有人都讀了姍姍來遲的書稿，讓我能夠免掉一些尷尬的錯誤，並因爲得以在最後一刻做出一些改善而感到慶幸。

第一章 謎團

愛是意識到不可能占有時的激烈感受。

（佩爾內斯）

愛其實挺普通的，絕非超拔俗世的存在，也不是人生所有問題的解答，有時還帶來災難。

（索羅門）

古往今來總有人被愛逼瘋。有人爲愛而死，還有人爲愛殺人。這一切若眞要說其實在現實中發生的頻率沒那麼高，但在歌劇和戲劇中的角色似乎總會如此。只要看見或讀到有關愛情的悲劇故事，大家似乎都會預期發生這種事，也都能理解：就算發生在我們身上也不算特別奇怪。就說你自己吧，親愛的讀者，或許你也曾有一、兩次稍微爲愛發狂、感受過兩情相悅的亢奮，又或者因爲愛情無法獲得回報而妄自尊大地沉浸在痛苦之中。史上的詩人、音樂家、藝術家和哲學家都從那種感受中汲取靈感，並在受到愛情力量的激勵時拿出了最佳或最糟的表現。他們爭相嘗試傳達出愛情足以改變人生的威力，然而當我們之中的大多數人想要努力去描述時，愛卻死氣沉沉地失去力道，變得平庸。

儘管愛情往往有各種出乎預料的部分令人難以理解，但原本只有詩人、小說家、哲學家及歌曲創作者對愛情七嘴八舌的行列，最近又加入了承諾能透徹解析愛情的生物學家和腦科學家。他們能爲我們撥開迷霧嗎？或許到了最後，他們可以爲我們帶來尋找已久的藥丸或藥水，這種藥物能幫忙鞏固愛情——又或者將我們從愛的魔咒中解放出來。無論是否能夠成眞，又或者大家是否眞想這麼做，這些問題都在本書的討論範圍中。

愛情故事很少有幸福結局。最偉大的愛情故事通常以死亡作收。至於比較不那麼沉重的故事則是結束在婚姻，也就是我們所知的浪漫喜劇：但婚姻作爲幸福結局的這項傳統也暗示了婚姻確實就是一切的結束，也是一種死亡。不過死掉的倒不是愛侶，也不是他們之間的愛，而是愛情故事。幸好，許多婚姻見證了「愛」和「故事」都能在婚姻中存活下來的事實，但之後死亡又來了，真正的那種，那種死亡前來將我們拆散。於是到了最後，所有愛情故事都令人悲傷。但話說回來，故事仍持續的當下是多麼令人讚嘆的一趟旅程啊！那種稍縱即逝的悲喜交加能帶來更深沉的喜悅。用詩人馬爾弗的話說，「就算我們無法讓光陰／駐足，也能使其縱情飛逝！」

所以正如歌曲常唱的，「這就叫作愛嗎？」我不會針對我們所有使用「愛」這個字的情境進行詳細剖析。任何字彙都可以有四、五十個常見的近義詞。每個字詞也各有微妙不同；其中有些字詞之間更是差異甚大。喜愛不是偶像崇拜；喜歡不是肉欲；激情可能不見得引發偏愛；迷戀絕對比無法抗拒來得躁動。有些更爲晦澀難懂的希臘字彙被用來區分被用來區分不同種類的愛，而且這些愛之間的差異至關重要。其中有三個字詞不帶任何性欲意涵。「philia」用來召喚的是友情。「storge」（發音是store-gay）意思是想照顧對方的關心，在意的是所愛之人的利益和福祉。我們可能對密友和家人懷抱這種情感。不過「storge」並非不可能和性欲一起出現，「agape」就不一樣，這種情感有時會以「慈善」的面貌出現，也就是一種無差別、不帶性意涵的普世情懷。

關於「agape」的美德爲何，在保羅的《哥林多前書》中有描述：「愛是恆久忍耐，又有恩慈；愛是不嫉妒；愛是不自誇，不張狂，不做害羞的事，不求自己的益處，不輕易動怒，不計算別人的惡……凡事包容，凡事相信，凡事盼望，凡事忍耐。」這些或許是所有人都想在人際關係中獲得的特質。不過正是因爲這個理由，「agape」缺乏我們通常所知的「愛」之中的兩個明顯特色。

首先，愛就是要單獨挑出一個（至多也是少數幾個）無法取代的特別對象。我們所愛之人在我們生命中扮演的角色是其他任何人做不到的。然而「agape」要求我們照護所有鄰人，任何人都不能例外。此外，這種要求大家彼此相愛的訓誡暗示了所有人都能任憑己意去愛。然而愛（或停止去愛）不是我們可以決定做不做的事。

還有第四個希臘字詞最能凸顯出此書主題：「eros」。「eros」一般來說帶有「強烈性吸引力」的含意。比起其他人生百態，正是「eros」激發出更爲大量的詩作、音樂、藝術作品——甚至是犯罪行爲——而非「agape」、「storge」或「philia」。當「eros」發展到最極端的狀態，也就是那種執迷、焦慮，又激情浪漫的狀態時，我該在此借用美國心理學家田諾夫自創的字詞：痴戀（limerence）。儘管這個詞在日常對話中不常出現，但特別用這個詞來形容愛爾蘭劇作家蕭伯納稱爲「最暴烈、最瘋魔、最虛幻，又最轉瞬卽逝的激情」仍有非常好的原因。因爲儘管痴戀遠遠不能用來描述「肉欲愛」（erotic love）的完整概念，在愛的概念中，痴戀仍占據了大多數人的注意力。

跟大家往往認定的相反，愛其實不是一種情緒。更準確地說，通常我們想到愛的時候，很容易聯想到美好和溫柔的感受，這些充滿愛意的感受確實是情緒，但構成肉欲愛的情緒卻遠不止這些。根據處境的不同——包括你人在哪裡？身處哪種愛情故事之中？——愛可能展現出的面貌包括憂傷、恐懼、內疚、悔恨、苦澀、抑鬱、輕蔑、羞辱、狂喜、拒斥、焦慮、忌妒、厭惡，或想殺人的憤怒。這樣吧，我們可以把愛想成一種聚焦於心上人後的一種情境，這個情境會形塑並統御我們的思想、渴望、情緒和行爲，就像足以影響人所有體驗的稜鏡——甚至包括跟心上人沒有直接相關的體驗。我會將其稱爲一種**症候群**：那不是一種感受，而是由通常會「撞成一團」的潛在思想、行動和情緒構成的一種繁複模式。如果這種症候群引發的困擾需要醫療介入，也不必然帶有任何不妥的意涵。畢竟，沉浸在愛之中的人，尤其是陷入痴戀的人，通常會被說是爲愛發狂。

這本《愛：牛津非常短講》是從哲學家的觀點書寫。哲學熱愛處理謎團，而「愛」提供了各種雜亂無章的謎團。你不需要格外謙卑才能承認自己對愛感到迷惘。愛是無私的，愛又是自私的。愛是善良的，愛也是殘酷的。愛是無常的，愛也是永恆。愛是天堂，但愛也是地獄。愛是戰爭。愛和神聖融爲一體，然而愛也能將最糟糕的罪行合理化。有人說神是愛——當然「神」和「愛」各自需要承擔的問題可多了。任何事物只要與「神聖」扯上關係都很危險，就算旁觀者也無法免於其害。那麼，就先針對愛選出幾個相關概念所引發的謎團，讓我們開始吧。

愛的對象：我們可以愛什麼？

任何事物都能被當作某人「愛的對象」嗎？乍看可能是如此。你可以熱愛旅行、紅蘿蔔、數學，或者開快車。可是更嚴格地說，這些與其說是愛，其實更算是喜歡。若是談到肉欲愛，可能對象的範圍似乎就更侷限了：只有人類是可能的選項；而在這個選項中，有些人假定對象只可能是單一性別。（對某些人來說，這個單一性別是「異性」，而對其他人來說，就是異性的相反。）這些限制透露出兩種偏見：第一，愛的對象應該侷限於單一性別；第二，世間只存在兩種性別。

親愛的讀者，或許你的思想都沒有受到這些偏見左右。不過你可能還是會贊同其他有關愛的禁忌。舉例來說，有個禁忌讓人深惡痛絕那些對孩子產生愛意的成年人。這種覺得戀童癖很恐怖的情緒其實是一種文化上的偏狹眼光：在其他不同的時代及地點，男人-男孩或男人-女孩之間的合意愛情通常被視為正常現象。然而時至今日，戀童癖匯聚了之前其他受攻擊的愛情及性行為的所有臭名，例如同性戀、外遇、合意的施虐受虐關係，又或是不受父母及神父認可的性欲激情。這些現在都不會讓我們震驚了，但針對世代之間性欲關係產生的不認可情緒可說變得更為激烈。

只有另一項禁忌能讓人擁有類似強度的不認可情緒：人獸戀。那是有些人對動物產生的肉欲愛，而且同樣讓人感到恐怖，特別是人們通常把人獸戀和獸姦混為一談，但後者其實只是跟非人類的動物發生性行為。（亞爾比透過一位痴戀山羊的男子，在他的戲劇作品《誰是席薇亞》[1]中精神奕奕地探討了人獸戀及獸姦。）關於不該跟動物發生性行為的禁忌，通常的論點在於動物無法「同意」。這點說明了我們對於動物、愛和性所抱持的態度之中存在著怪異之處，畢竟這些人儘管提出了這種反對論點，在動物遭到殺害及食用時，他們卻從不覺得需要去取得牠們的同意。在我們這個早已受到啟蒙的年代，似乎只有動物會遭受「比死亡還悲慘的命運」。

更怪異的是關於戀物癖的態度，不過比起感到恐怖，面對這些宣稱愛上物體的人時，大眾的情緒更接近迷惑不解而嘲弄。有位箭術的世界冠軍激情地熱愛自己的弓，等到這份愛褪色後，她的箭術也變差了。之後她決定跟艾菲爾鐵塔結婚。總而言之，有生命和無生命之間的界線變得愈來愈模糊。日本的機器人產業正勤懇地努力，希望以性別化的機器人取代簡單的充氣娃娃，而這類機器人與人類對話及產生共鳴的技巧確實愈來愈精密。現在也已經有人讓活生生的寵物或機器寵物到退休老人之家工作，研究顯示這樣做能降低獨居住戶的焦慮及血壓。相信假以時日，任何年齡層的長久渴愛之人都能透過機器人獲得所需的親暱情感及性事陪伴。假設眞是如此，哲學家和心理學家或許就能發現渴愛之人眞正渴求的究竟是什麼。

簡而言之，儘管愛常被假定爲人類的某種怪異能力，關於人們的示愛對象似乎沒有任何天生限制。對於眞正思想開放的人而言，可以示愛的對象包括動物、無生命物體，以及介於這兩者之間的事物。這樣的心胸寬闊是種錯誤嗎？

---

1 譯註：這裡指的是美國劇作家亞爾比（Edward Albee）在二〇〇二年首次發表的戲劇作品《山羊或誰是席薇亞？》（*The Goat, or Who Is Sylvia?*）。

（有句妙語是這麼說的：開放過頭你的大腦可能會掉出來。）戀物的人無疑感受到了些什麼，但那眞的可以稱爲愛嗎？

可是爲什麼不行呢？我們要如何爲這個提問斷定答案？幾乎所有寫過這個主題的「專家」都迫切地告訴我們要如何從衆多假貨中分辨出**真正的**愛：他們向我們保證，有些愛更爲尊貴、崇高，另外則有些愛低劣又缺乏人性。那是一種將事物道德化的衝動，而我應該要去抵抗這個的。因此，我目前的假設是：沒有任何的愛天生就比其他愛來的更「眞實」。是不是有些愛能讓你更幸福呢？或許。可是你對愛的理解很可能形塑了你對幸福的理解，因此會藉此理解去做出判斷。無論如何，有關定義的論述總有些抽象之處。與其嘗試去定義愛，不如讓我們繼續討論幾個謎團吧。關於愛的討論，以下都是常觸及的主題。

愛有多主觀？

界定出適合付出愛的對象範圍很艱難，而這份艱難會讓人不禁懷疑，愛的感受會不會是要付出愛的人所捏造出來的。儘管存在個體差異，我們大多數人擁有共同的判斷標準。我們在評估數學證據時，也會預期所有擁有足夠相關知識的人能對此達成共識。畢竟除了最爲晦澀難解的部分之外，在數學的所有分支領域中，不可能有讓人說出「我了解你在說什麼，但我不同意」的模糊地帶。在討論物理現象及其解釋時，意見不合或彼此辯論都是正常現象，但我們會期待最後得出一個科學共識。一旦這類爭議獲得解決，我們認爲「這份共識指向客觀事實」的信念也就獲得證實。然而，即便我們的情緒反應——厭惡、崇拜、憤怒、恐懼——都是共通的感受，談到愛時的情況卻似乎不是如此。有些人會被數百萬人認定爲「吸引人」或「性感」，所以判斷一個人的吸引力似乎具有某種客觀準則。然而擁有吸引力不必然讓人可以去愛。對許多人來說，肉欲愛很少發生——有時一輩子也沒發生過一次。而且陷入愛河的人不會期待——或許也不會想要——發現他所愛的對象成了其他數百萬人投注激情肉欲愛的對象。

是你的心上人展現出了什麼樣的客觀特質，並因此引發出了你的愛意嗎？如果有的話，那項特質只對你施展魔法。（或許還有幾個潛在「敵手」，我們姑且這樣稱呼吧。但爲何不乾脆說是跟你品味一樣好的審美同行呢？）或許你的選擇取決於各種影響你的因素，而這些因素源自於生命及大自然的各種意外，例如你的愛人和某位你嬰孩時期的照護者之間的相似性。但這並不會證明你的選擇完全是主觀的，因爲或許由於運氣好，你的早年照護者剛好客觀上就是會讓人可以去愛的對象。不過更有可能的情況是，她只是剛好在你需要依附時出現在你身邊而已。所有新手媽媽就像《仲夏夜之夢》的提泰妮亞，只要有人把神奇的魔藥倒進她的耳朵，她就會因爲化學作用，一看到自己生出的嬰孩就想建立情感連結。

無論眞實情況爲何，心上人特質或愛人者偏好對「愛」所造成的影響程度不一，並藉此定義出了從「客觀性」到「主觀性」光譜上各種比例組成的可能性。在靠近客觀的這一側，愛背後的驅策力可能是你對美善本能懷抱的渴望；至於在靠近主觀的這一側，重要的只有最開始相遇時的運氣。所有新生兒就像那些忠誠跟隨著動物行爲學家勞倫茲的小鵝一樣，他在實驗中確保了這些小鵝孵化後第一眼看見的是他，而不是牠們的母親。於是我們看到在光譜的主觀這一側，心上人的特質無關緊要，無論是動物行為學家或鵝媽媽都一樣美好。

一旦用如此誇張的方式來描述，兩種極端情況都顯得荒謬，畢竟任何愛都會牽涉到特定個體，其中每個個體都是完全獨一無二的存在。（這不只是一種比喻。不同個體共享同樣基因組的機率——除非他們是雙胞胎或複製人——就跟在所知宇宙中隨機擊中特定基本粒子一樣，幾乎不可能。）如果愛反映了牽涉其中的所有個體特性，我們就該預期人類確實展現出無限多種不同的多元愛情面貌。眞正讓人不解的是，儘管愛人者或心上人都擁有各自的細膩獨特性，眞正呈現出的樣態卻令人驚訝地受限於少數既定套路中。

我們的愛有理由嗎？

許多人會在感受到自身激情後將其斥爲毫無道理的事物，但仍有其他人堅信自己的愛擁有各種充分理由。不過要是認眞列出來，這些理由很可能顯得陳腐，或只像是些愚蠢的怪癖。至於心上人則可能希望自己是基於正確的理由被愛。可什麼才算是正確的理由？

一個常見的答案是：「因爲我是我。」但當愛人問起「你爲什麼愛我？」時，回答的過程很可能像是在地雷區小心前行。羅密歐愛上茱麗葉的理由，不必然是茱麗葉會選擇被愛的理由。當羅密歐狂熱地讚美她跟太陽有多相似，她可能會抗議：「我或許熱情，但說眞的跟太陽一丁點兒也不像。而當我投注靈魂在彈奏魯特琴時，你卻幾乎沒在聽。」此外，無論羅密歐愛她的理由爲何，還是可能找到同樣特質堪比或甚至超越茱麗葉的其他女人。就算他沒有因爲其他更像太陽的女人而離開她，她也一定會有所改變。她的美貌會褪色、頭髮會掉，原本的機智風趣也會失去活力。然後，相當合理地，羅密歐可能就不再愛她了。考量這一切後，最棒的結局就是早死：傳奇愛侶總是選擇這樣解決問題。

愛是盲目的嗎？

我們就先接受羅密歐之所以愛茱麗葉是因爲她像太陽好了。說眞的，那根本不算是個理由，但若她眞的像太陽，難怪他的眼睛會瞎。愛情的盲目已經是不言自明的道理。事實上，這具有兩個面向：羅密歐會因此沒注意到茱麗葉的缺失，但也同時因此無視其他女人展現出的魅力。

在此同時，愛有時會被描述爲一種極度敏銳的關注力。如果你想要「因爲你這個人」而被愛，自然會希望被看見眞實的樣貌。你不該想要修飾自己，而愛你的人對你懷抱的情感也不該靠幻覺來維持：

我情人的眼睛一點也不像太陽，
她的嘴唇也比不上珊瑚紅豔……
……可是，天哪，我想我的摯愛世間難尋
不輸她隨便被拿去比較的美人。

（莎士比亞，十四行詩，第一百三十首）

在愛情中觀看及被觀看的重要性，可以在愛人彼此的熱烈凝視中獲得驗證

（圖1）。正如我們所說，在凝視入彼此的靈魂之際，愛侶對彼此的渴望隨之提升。他們不只感覺身體赤裸，也在彼此面前暴露出脆弱的一面。愛就是一種毫無遮蔽的視野，這種看法自然導致人們期待心意相通成爲愛情中不可或缺的一部分。在彼此的凝視中確認心意相通能創造出一種狂喜（ecstasy）——在詞源學上，「ecstasy」的意思是「站在你自己之外」。

但是彼此的關注也可能餵養出疑心及焦慮。有些愛侶總是活在可能讓心上人期待落空的恐懼中。就這點看來，無法獲得回報的愛可能還比較好：畢竟沒有期待也就沒什麼好焦慮了。在德國詩人歌德的其中一部小說中，有個角色嚷嚷著，「我愛你，與你何干？」確實，如果無私是眞愛的特徵，無法獲得回報的愛或許甚至能宣稱——無論有多不可能——是最棒的愛情：畢竟既然沒有獲得回報，其呈現出來的一切都不是爲了換得任何好處。

有些人認爲心意相通的愛才算眞愛，但有另一個疑慮也沉沉地壓在這種人心頭。無論愛人的視野多麼實事求是，兩人共同進行的活動及規畫總是會壯大我們對彼此的想像。在獲得回報的愛情中，這類想像同時是彼此許諾情感的原

圖1｜彼此凝視會使愛侶對彼此的渴望加劇，並引發一種想要融合並理解彼此的熱烈感受。可是有什麼能證明那種感受不是幻覺呢？

因及引發的效應。相對地，在不求回報的愛情中，這些想像就是純粹的幻覺，只跟注定不眞實的時空及情境相關。如果愛必須牽涉到愛侶間不斷發展的各種變動，不求回報的愛無法提供這種變動。

如此看來，若要問愛是否一定要心意相通，只能取決於彼此衝突的各種直覺，而不存在足以解釋的通則。可若認定愛一個人必定要目光清明，愛與「agape」之間的親族關係或許也間接表明了心意相通不是絕對必要的理由。「agape」這種愛的形態要求我們不帶批判地去意識到，我們與所有人類同胞共享同樣的人性。獲得全人類同胞回報的愛想來或許難以承受——更別說如此期待有多麼不切實際。此外，「agape」要求我們從個人偏好中抽離開來，然而在肉欲愛中，個體差異極爲重要。儘管這些直覺似乎彼此衝突，卻仍有辦法和諧共存。茱麗葉不需要無視羅密歐的錯誤：她只要不把那些認定爲錯誤就夠了。那麼，若是我們理解正確，若要爲愛盲目，關鍵之處或許不在於不去看見，而在於不去評判。

另外，愛的盲目也可能是基於欺瞞。「看看這些愛侶啊，」詩人里爾克寫道，

「才剛熟識，這麼快就扯謊啦！」有名年輕女子曾自誇從未騙過她的愛人，但愛人質疑時卻又澄清：「我只騙我的丈夫，因爲我愛他。我從不騙我的愛人。」或許眞正睿智的人其實是她：只有面對最深愛的心上人時，說實話的風險才可能大到難以承受。說謊的理由有很多，但或許最常見的是希望能讓所愛之人免於受苦，且帶有自我欺騙的元素，就像是莎士比亞在十四行詩的第一百三十八首所寫：「當我的摯愛發誓她始終誠實／我確實信她，儘管知道她說謊。」愛人的期待往往毫無道理可言。唯有謊言和自我欺騙才能保護那些懷抱極端無理期待的人。所以或許，這個主題說到底沒什麼謎團可言。

愛是自由，還是束縛？

討論情欲和宗教的詩作中有很多共通主題，最顯著的就是稱頌因爲屈服所獲得的自由。鄧恩徹底利用了這個悖論來向他的愛人及神對話。在他最著名的情欲詩中，他寫道：「進入這些束縛，就是獲得自由。」他在自己最受推崇的宗教詩中也表達了同樣想法：「把我帶向祢、囚禁我，因爲／除非祢徹底迷住我，不然我永遠無法自由。」這裡的「徹底迷住」（enthrall）不像現代常認定的「讓我非常感興趣」那般有氣無力，而是原本「奴役我」的意思。可是受到奴役怎麼可能讓你自由？自由的人不會有其他人代替他做出任何決定。你的意志若要是自由的，那麼形塑意志的力量必須來自你的內在，而非受到任何外在力量或意志的影響。你必須要能想怎樣就怎樣才是自由。然而弔詭之處在於：你無法決定自己「想怎樣」。你不能隨意想要一個你覺得沒有吸引力的事物，正如你無法決定將純粹的謬誤當作信仰。到頭來，你的偏好和渴望都源自你的基因和教養背景。你完全無法操控前者，對後者也很難說有什麼影響力。於是，你的渴望現在就是你的了，無論來由爲何。同樣地，如果你全心擁戴另一個人的渴望，那些渴望也就成爲你的渴望。你可能也會因爲放下必須做出選擇的重擔而鬆一口氣，這種受到「奴役」的狀態也就感覺像是至高無上的自由。

如果你在這種受奴役的狀態中感到幸福，對你的愛人而言代表什麼意思？陷入愛的人通常想要很多：信任、親密、情感共鳴、陪伴，能夠關心彼此的福祉。這些是大家無論在何種感情或友情中都想要的。不過肉欲愛還牽涉到另外兩種強大渴望：**圓滿**及**不朽**。問題在於這兩種渴望很可能彼此衝突，因爲圓滿就是終點，因此才會有那麼多的藝術作品對此如此執著——這些作品想將愛的稍縱卽逝永遠留存下來，正如莎士比亞十四行詩的第六十五首：

> 哦，駭人的冥想！時光的珠綴，
> 唉，怎能不藏入時光的寶匣？
> 如何強勁的手才能將他的捷足挽回？
> 或有誰能禁止他把美麗糟蹋？
> 哦！沒有誰，除非這奇蹟無量，
> 讓我的愛在墨筆中仍閃耀光芒。

當然，何謂圓滿在性和愛方面是不同的，但或許差異不夠大。在性方面，圓滿是高潮，但在愛方面，通常大家會假定是婚姻，畢竟婚姻被視爲某種形式的占有。（而當然，圓滿結合的婚姻就是透過性交來確保「占有」成立。而在大多數的司法管轄區中，「無性交」是婚姻可以被宣告無效的理由。）然而愛的對象本身也是可以自由決定是否給出愛的主體，這點跟占有的概念似乎並不相容。占有是主人和奴隸之間的關係，正如哲學家黑格爾曾衆所皆知地指出（在他難得清醒的時刻），奴役的概念其實存在同時削減奴隸自由及主人權力的元素。爲了要完全享受奴隸認可主人較爲優越的感受，主人必須將奴隸尊崇自己的情感視爲對方透過自由意志決定的行爲。若奴隸的服從是被強迫的也就毫無價值了。因此無論一個人有多想占有另一個人類，但就連奴隸都是不能被占有的。這點在愛情中更爲明顯：不是自由給出去的愛幾乎無法算是愛。

隨著占有而來的，是對失去的恐懼，還有想要捍衛所有物的衝動。什麼是所有物？若你擁有某事物，你就有權去享用，但我們其實享用了很多我們並不擁有的事物：太陽、海，還有大自然的美。占有的特徵不是享用與否，而是得以排除他人的權利。忌妒就是體現這種排他權利的情感守護者。許多人將其認定爲本能反應，而正如我們會在第六章時所提到，演化心理學提供了這種情感如何運作的一套標準說法。然而在目前的討論範圍中，我們在討論忌妒對愛情——相對於那些基於正式或非正式共識必須執行的各種義務——所造成的衝擊時，發現忌妒這種情感通常驚人地缺乏建設性。忌妒展現出的面貌通常是毫無根據的懷疑、壞脾氣、侵犯性監控，偶爾還會出現赤裸裸的暴力行爲。很多人認爲這類行爲足以成爲讓人不再去愛的理由。難道你不會更寧願你的愛人享受你的陪伴，而不是一想到你跟其他人相處愉快，就深受恐懼和厭憎的折磨嗎？在愛的兩種特色當中——因爲心上人而喜悅，又或者是因爲心上人擁有愛情以外的快樂而痛苦——前者當然比較能留住心上人的情感。

不過大家通常會將忌妒認定爲道德正確的自然情緒。體驗到愛人的忌妒情感可以是令人興奮的事，因爲那證明了自己有多麼令人渴望。正由於這樣的幻想，有個在蘇格蘭女子監獄工作的人就曾表示，她聽見許多囚犯在討論自家男人時會訴諸這種標準：男人打你才是愛你。如果有男人沒打自己的女人，她們都同意那個男人根本沒把你放心上。細緻執行的施虐受虐遊戲會去探索信任及脆弱的極限可以到哪裡，這類遊戲已經理據清晰地建構出一套關於愛的特定表達方式。然而這些蘇格蘭囚犯指的不太可能是這類行爲。你或許能隱約想像，正是因爲擁有家長殘暴對待她們的歷史，讓她們將依附情感及施虐處境連結在一起。在這類案例中，很不幸地，虐待你代表了依附你的情感。

無論這些蘇格蘭囚犯是怎麼想的，她們的看法在流行文化中並非不存在。看看一首名叫〈他打我〉的歌吧，那是一九六〇年代美國女子樂團「水晶組合」的作品，其中就傳達出類似訊息。

儘管暴力會遭到強烈譴責，在忌妒驅策出糟糕行動時，忌妒仍會被視爲充分理由。之所以會出現這種態度，是因爲人們預設忌妒導致的激烈情緒難以抗拒，而且就是愛情本質中難以逃躲的一部分。不過又或許，這種態度至少也跟特定意識形態有關：選擇推崇「愛就是占有」的這種意識形態。

愛破壞了性的純粹性嗎？

如果不是自由給出去的愛不算眞正的愛，那麼爲了換取其他好處的愛就是曲解了愛。舉例來說，只是爲了換取「性」的愛通常會被認爲徹底不符資格。不過人們比較少注意到這個概念反著看也成立。許多人認爲由愛驅動的性是最好的性，但要如何驅動？費德魯斯是柏拉圖書寫的對話錄中的一個角色，柏拉圖還以他之名寫了《費德魯斯篇》，而費德魯斯正是首位（但不是最後一位）如此表示的人：若要追求最棒的性，最好就是避開任何愛你的人後去找「炮友」幫忙。愛侶之間想要心意相通的需求很少能完美同步，而一旦沒有同步，所謂的愛人可以變成討厭的騷擾狂。不過這種選擇背後還有個更幽微的原因，就是你不希望自己是基於任何理由招人喜愛或被渴望（無論是在性的過程中，又或是親密對話帶來的亢奮中），就算那理由是另一個人對你的愛也一樣。

愛是一種與性有關的「別有用心」（ulterior motive）。深陷於痴戀苦痛中時，激烈的性渴望通常被視爲理所當然。不過當其他形式的愛驅策人們去做各種令人不快的事，卻可能被視爲更有價值的愛。假如你病得很重，我或許會出於愛你而願意照顧你，但不是因爲我覺得照顧重病的人本質上是件享受的事。不過要是我說和你產生性關係是因爲我愛你，卻反而會啟人疑竇。因此我們可能傾向做出一個結論：無論面對性或愛，任何理由都是錯誤的理由。

許多人堅信沒有受到「性」汙染的愛才是最純粹的愛，這個信條有個同樣可能成立的相反版本：我們可以確信性渴望只有在沒有受到愛汙染時才純粹。無論是陷入渴望或愛情都一樣，所謂的自由都需要透過純潔無瑕的視野去聚焦。正如你可能害怕某人只是因爲性才愛你，而非眞的愛你，你也可能懷疑有人只是爲了愛（而非痴戀）才跟你發生性關係，而非眞的渴望你。

「愛」的周遭環繞著各種謎團及悖論，沒有任何單一取徑足以讓我們徹底理解，因此我們必須從許多面向切入。我們有很多討論方式，也有很多足以用來描述的模型及類比。之後我會全盤檢視一些最近的理論——取自演化論、心理學、社會學，或是神經科學領域——然後討論我們可以從中學到些什麼。不過首先，作爲愛情理論中折衷主義的好例子，我會開始探討一個完美結合了傻氣及深度的古代經典文本：柏拉圖深具開創性的《會飲篇》。

第二章　觀點

因為你那美麗面貌，
彷彿讓我的心添上華服；
我的心活在你胸口，一如你的活在我這……
……如果我心死去，你也再無依歸；
因為你把心給我，就無法再收回。

（莎士比亞，十四行詩，第二十二首）

「會飲」指的是飲酒派對。古希臘人的智慧讓他們懂得在葡萄酒裡兌水，就能藉此維持神智清醒。柏拉圖《會飲篇》中那段對話發生的夜晚，參與派對的人決定輪流發表讚美「愛」的演說。對現在的我們來說，這些對話內容一點也不過時，其中呈現了許多不同觀點，部分還預言了現代思想家如何挑戰詩歌及文學對這個難解主題的壟斷。

愛及自然天性：好與壞

費德魯斯是第一個發言者，他稱讚愛擁有激勵一個人變得更好的力量。愛足以改善品格。「character」（有品格、個性的意思）這個詞有兩種用法。一種是當成描述性說法，指的是我們可以預期一個人展現出的思想、價值觀和行爲。另外這個詞也有稱讚的意味，畢竟如果說你這個人很有個性，就是在說你這傢伙怪得很有趣，而且在美學上很吸引人。擁有品格的人是可靠的，這種人總是冷靜自持，不然就是道德上值得稱讚。品格的美學及道德面向都間接含括在希臘文的「紳士」一詞中：kalos k'agathos，意思是「好看又善良」。

於是，這段發言首先將愛描述爲既美麗又善良。以此觀點作爲談論愛的主旋律直到今日都還能耳聞，最早從聖奧古斯丁的「愛則隨心所欲」開始，一直到當代的陳腔濫調「你需要的就是愛」[1]。愛之所以重要，在於其擁有能夠改變我們的力量，讓我們以全新方式去感受、思考，並行動。至少偶爾能激勵我們盡力而爲。

不過也就是偶爾而已。保薩尼亞斯是第二個發言者，他詳細解釋了用來修飾愛的形容詞。愛可以激勵出善良的行爲，但也會觸發邪惡。這代表其實有兩種不同的愛嗎？不一定。同樣是以愛爲目標，達成目標的手段也可能各有好壞不同。假如愛的主要目標是「被愛」，那麼拿出好表現很可能是爲了保衛自己値得被愛的那份自尊心。這一切不必然跟金錢利益有關：如果一想到心上人，內心就會激發出想讓自己眞正値得被愛的渴望，想要被愛也就等於想要維護一個人的自尊。然而也有比較不値得讚許的行爲，例如有人會爲了被愛而決定對

1　譯註：這是一句流行語，其中最有名的是英國樂團披頭四（Beatles）於一九六七年發表的歌曲〈你需要的就是愛〉（All you need is love）。

情敵採取毀謗或謀殺等行動，以消滅情敵。

不過保薩尼亞斯談的並不是這些。他不是在拿愛衍生出的效應來比較，而是在討論愛的種類。好的愛是「攸關靈魂」，而壞的那種「攸關身體」。其中差異大到必須動用兩位不同的守護神。（但基於節省精神，儘管令人迷惑，兩位的名字都叫做阿芙蘿黛蒂。）一位是「神聖的」，一位是「凡俗的」。[2]保薩尼亞斯的這種區別手法直到現在仍有人使用，有些人理所當然地藉此區分真愛及單純的肉欲的差別，並認定前者較爲「高等」、「精神性」，而且跟正直的各種熱望有關，後者表達的則是我們和非人類動物共享的本能，而且「較爲低等」。

這樣的區別是基於自然天性的事實嗎？《會飲篇》的特殊脈絡顯示並非如此。所有出席派對的人都理所當然地認定，愛的最崇高形式存在於男人和青少年男孩之間。我們同代的大多數人應該都覺得這就是戀童癖。這種變態行爲怎麼可以是柏拉圖社交圈的常態？其思想在兩千五百年後還能贏得我們尊敬的這些傑出男人怎麼會這樣？因此顯然，社會的期待及實踐方式都已有了改變。這種改變顯示我們理解愛的高等或低等並非仰賴自然天性的事實，反而至少有部分是取決於可變動的社會規範。不過，大部分人仍假定愛的概念容許高等或低等的不同形式存在，但爲什麼我們要讓任何一種肉欲愛比另一種肉欲愛擁有更崇高的地位？

或許這裡能給出的理由有兩個。其中一個訴求的是不同形式的愛帶來的後果。從這種觀點出發，較爲「利他主義」形式的愛會被認爲較高等，因爲利他主義有利於社會和諧概念的傳播。若是基於這種論點，各種愛侶們留下的紀錄紛陳不一。畢竟當愛侶們窩居在彼此愛慕的繭中，他們的利他主義僅限於一人，而且很可能會忘記世間其他人的存在。

推崇某些愛比其他愛更高等的另一種理由，訴求的是人類天性中定位「愛」與「性」的部分特定概念。這類概念聚焦於三種基本模式。其中一種由保薩尼亞斯提出，我們可以稱爲清教徒模式，當中假定了理性、情感和欲念的等級。

---

2 譯註：神聖而攸關靈魂的阿芙蘿黛蒂被稱爲「Aphrodite Ourania」，凡俗而攸關肉體的被稱爲「Aphrodite Pandemos」。

這裡的理性被視爲我們眞實的、最好的自我，並被放在最具正當性的位置來掌控全局。後來有些清教徒模式被簡化爲「靈魂」與「肉體」之間二元對立的版本：靈魂就是好，肉體就是壞。

第二種模式直接反轉了第一種，不過本質上一樣帶有清教徒風格，只是將身體認定爲唯一眞實可靠的自我。我們可以稱此爲勞倫斯模式，這個命名取自作家勞倫斯。他有時會在寫作中指出，理性、邏輯，以及或許文明本身，正是證明了我們的性及身體天生擁有的伊甸園式純眞已然墮落。

第三個模式是泛性戀模式，人們有時認爲其源頭是佛洛伊德。在這個模式中，所有動機背後的唯一源頭都是「性」。就算看似純粹知識性或精神性的目標，包括所謂「較高等」形式的愛，也都只是性本能的「昇華狀態」：目標重新進行了調整，但源頭沒變。基於第三種模式，這種源頭爲性的特徵仍存在於神聖愛最高等的昇華形式中，比如貝尼尼的著名雕像《聖德瑞莎的狂喜》（圖2）所呈現的一樣。

若要討論何種形式的愛會被視爲「順應大自然的旨意」，則取決於人們對

圖2｜「我在他的手上看到一支長長的金矛，尖端似乎有一小簇火。他看起來正時不時將矛刺入我的心臟，還刺穿我的內臟；當他抽出來時，似乎也把內臟全拖出來了，而我全身都燃燒著神的偉大愛火。實在太痛苦了，我呻吟出聲，但這種極度痛苦帶來的甜美又超越了痛苦，讓我無法盼望著擺脫。」

這三種模式的偏好——清教徒模式、勞倫斯模式，又或者是泛性戀模式。舉例來說，基督傳統基本上採取靈魂與肉體的二元對立論，其中不同教派對何種形式的愛可被視為「神聖」或「褻瀆」又有各自不同的定義。對於在那種傳統（或其他某些傳統）之中長大的人而言，愛的二元對立性毋須多言。不過也有些文化一直將肉體愛帶來的狂喜視為神聖愛的一個面向或實際展現，而非與神聖愛完全不同或難以相容的現象。舉例來說，某些密教傳統放棄了清教徒和勞倫斯信徒的二分法，反而將性愛視為展現神性不可或缺的一部分。

就算採取靈魂與身體的二分法，在我們經歷此生的當下，更該關注靈魂也算不上顯而易見的眞理。柏拉圖筆下的蘇格拉底後來會在這篇對話錄（及其他作品）中指出，靈魂是永恆不變的，肉體卻只是一系列轉瞬即逝的事件造就的暫時性產物。這是他以及部分宗教引證出來的結果，並以此作爲需要珍視、照顧靈魂並蔑視肉體的理由。但面對靈魂的永恆本質時，相對來說，肉體轉瞬即逝的性質反而成爲使人更想重視肉體的有力理由。你在這世界中有大把時間去安撫你的靈魂，是眞的實際意義上的「大把時間」。相較之下，眞正迫切的問題是肉體需求，你需要在其飛速消逝之際好好把握身體的愉悅——至於永恆的事，船到橋頭自然直。這種帶有輕微矛盾的類似處境也在布雷克的詩句中出現過：

若是將喜悅永遠綁在身旁
振翅的生命便遭到毀傷
若是在喜悅飛天之際吻別
就能永遠活在日出之巔。

愛的具現化

接下來發言的厄律克西馬科斯是一名醫師。在他看來，心靈-肉體的二元性並非蔑視肉體的理由。相反地，孕育出正確種類的愛只是健康生活的一個面向，而健康生活需要的是在各種對立元素之間取得平衡。他的看法在各方面都跟泛性戀模式很接近，而他開出的「平衡」藥方還延伸到音樂、科學和宗教等層面。

幾乎不令我們驚訝的是，從現代腦科學的觀點來看，他的這些話並沒有提供太多新資訊。不過其中仍有兩件事值得一提。其一是竟然有這類生理觀點出現在此。儘管在當時，柏拉圖致力的是理解超越日常感官經驗的現實，卻也預見了現代思想家將會在討論愛時，強調其生理和神經基質（physiological and neural substrate）面向的重要性。愛的現代科學證實了他的這項直覺：愛帶來的瘋狂與其他意識狀態遭到改變的情況很像，而且這種相似性並非偶然。

儘管柏拉圖大談更高等形式的愛，而且與這種愛相對應的是很可能缺乏實體的靈魂，厄律克西馬科斯的發言卻提醒我們一切都是發生在肉體上。第二個值得注意的重點在於，想要維持「平衡」的健康理想跟愛的理想之間存在緊張關係，因爲要節制愛意並不容易。在痴戀的僞裝之下，愛會將我們的感受及行爲往極端方向推進。或許人們早已間接意識到，愛本質上就是種不平衡狀態——具有毀滅性，或甚至不健康。在往後的文學作品中，將愛描述爲病態的例子並不少見。莎士比亞十四行詩的第一百四十七首就以短小篇幅簡述了此狀態：

我的愛就像發燒，總在渴望
能讓病情發作得更長久
吃的也盡是為了病下去的食糧
以滿足我那不像樣、不健康的胃口。

下一個發言的是喜劇作家阿里斯托芬。他提起一個有關人類起源的神話，這個故事也奠基於肉體，但風格非常不同。他的神話可以解釋兩件事：爲何愛的渴求能帶來強烈痛苦，以及爲何陷入愛河就像是找到了自己丟失的、特定且是獨一無二的部分。根據阿里斯托芬的幻想，我們的祖先原來是有八隻手腳的圓球體生物，其中有三種不同變體：男性、女性，以及雌雄同體。這些生物的成功使得神經質的宙斯燃起了妒火。爲了處罰他們，宙斯把他們切成兩半。我們的求愛旅程，其實就是在尋找原本的另一半。

阿里斯托芬的神話讓人想起《創世紀》中亞當用肋骨造出夏娃的故事（不過渴望跟某人的肋骨重逢或許不是那麼吸引人）。這個故事跟印度一個兩性起源的神話類似；不過印度版本更強調愛可以緩解孤獨，但其實任何的陪伴都能做到這點，至於愛會讓人將心上人認可爲自我的一部分，這個版本則沒有特別強調：

一開始這世界只是形狀像一個人的單一肉體。他看了看四周，除了自己之外一無所有。這個開天闢地的存在開始害怕；所以人只要獨處就會害怕。然後他心想：「如果除了我之外沒有其他人，我究竟在怕什麼？」所以恐懼消失了，畢竟他究竟要怕什麼呢？說到底，人會怕的必須是另一個人。他完全找不到樂趣；所以人只要獨處就找不到樂趣。他想要一個同伴。現在他變得像一個男人和一個女人緊緊相擁那麼大；所以他把身體分成兩半，因此出現了丈夫和妻子。

關於愛的體驗，阿里斯托芬的故事捕捉到了其中兩個特色：想要和特定某人「結合」的渴求，還有渴求對象的特定性別。這種想結合的渴望讓人注意到陷入愛情時常有的感受：那種「認出對方」的感受，就彷彿「我好像認識了你一輩子」，或甚至——如同亞里斯多德談及大家擁有的友情時所說的——那個對象就像另一個自己。如果心上人曾經是、並且將再度成為我自己的一部分，那麼就能解釋這種想要身體結合的渴望，以及「對方的欲求就是我的欲求」的這種感覺。

不過就其他面向而言，用阿里斯托芬的故事對照實際經驗卻顯得尷尬。這個故事無法解釋為何不是所有人都會陷入愛情。現實中不是每個人都渴望結合，無論是跟任何人或特定對象。此外，儘管原本八隻手腳生物的神話以巧妙的方式照顧到了不同性取向的可能性，還是可能有人不滿，畢竟那個故事完全無法解釋為何有些人是雙性戀或多邊戀。

不過，阿里斯托芬的幻想仍具有啟發性。這個故事在談起自我與他人結合的主題時，捕捉到人們展現出的強烈渴求及意願。此外，在考量有性受精的機制之下，這種兩個生命想要融合的幻想，呈現的可說是實際上的精卵結合。儘管我們實在不太可能宣稱自己確實意識到這個生理狀態的運作，不過身體融合後創造出全新人類個體的現實情況，仍可能促使愛侶更認眞看待兩個「自我」融合的這項隱喻。當然，這兩種融合之間存在巨大差異。在神話中，一旦我們達到目標，原初的結合狀態就已獲得恢復；而在與神話平行存在的生物學層面，精卵結合會創造出受精卵，而這個受精卵會是獨一無二且空前絕後的存在。就這點而言，阿里斯托芬的神話無法符合現實，也就不令人意外。

愛的階梯

接下來的兩段演說中加入了一個幽微的論戰，起因是阿伽頌推崇了愛的完美。他在演說中恣意使用了各種放蕩不羈的修辭，結果大多只是成爲蘇格拉底反駁言論的陪襯。蘇格拉底的反駁從一段諷刺發言開始，他也因爲這段特別犀利的諷刺說詞而聞名。蘇格拉底宣稱景仰阿伽頌對愛的精湛頌詞，並自稱無能與之匹敵，還說自己之前誤會了這場遊戲的規矩：「現在我懂了，」他說，「遊戲的目的是將各種偉大和光榮都當作是愛情的產物，無論愛情是否眞有功勞都無妨，也不管內容是眞是假。」現在若有人「說話不管內容是眞是假」，我們稱對方在「胡說八道」。蘇格拉底表面上稱讚阿伽頌傑出到難以效仿，但其實是在說他胡說八道。（現在回頭想想，在討論愛的各種最古老傳統中，這段話或許該獲得極高評價。）

說完那段話之後，蘇格拉底使用了巧妙的分析性論述，爲的是呈現出愛不可能是美好的，也不可能如神一般偉大。這種說法當然挑戰了希臘傳統，就算不提希臘衆神是以多情的輝煌戰績聞名，另外可還存在兩位將愛擬人化的神性角色——女神阿芙蘿黛蒂以及愛惹麻煩的小男神厄洛斯。蘇格拉底將他對愛具有神聖性的反對態度發展爲一套精妙學說。爲了維持不建立個人學說的一貫立場，蘇格拉底宣稱這是從一位名叫狄奧提瑪的女祭司那裡聽來的。這個看法通常被後人視爲柏拉圖的眞實看法，不過既然他選擇小心翼翼地表示這是某個人描述的故事，而這個人聲稱是蘇格拉底從狄奧提瑪口中獲得了這些看法，我就當成是狄奧提瑪的學說吧。

愛跟渴望有關，而渴望通常反映了我們的匱乏。英文中的「想要」（want）在傳統上可以同時傳達這兩個意思，因此如果你想要什麼，就是「因爲缺乏而想要」（in want of it）。所以，愛本質上反映的就是匱缺：愛嚮往著自身沒有的事物，或者說是渴望擁有。

雖然你不能想要已經擁有的事物，但當你希望擁有的事物能持續下去，情況看來仍可能是如此。比如你現在擁有美貌，你想維持，但又能維持多久？如果你必須決定某種喜悅可以持續多久，你願意容許的長度可能會讓最極致的喜悅都變得乏味。你可能會試著預估這項喜悅能持續多久，但狄奧提瑪沒這麼想過。相反地，她做出三項毫無邏輯到驚人的推論。

首先是假定人會想要讓喜悅永遠持續下去：「假如，正如已有人承認，愛就是持續地想擁有美善，所有人將必然渴望與美善一同永垂不朽。」或許這種說法之所以可能成立，前提在於「擁有美善」是人們獲得滿足的最高等形式。

不過任何人都難以想像長時間享受某種極致體驗，就算能帶來多大的愉悅也一樣。任何體驗久了都可能變成習慣，喜悅的強度也可能將其轉為痛苦。所以這裡的第一步推論可謂躁進。

接著出現巧妙的一招，這招將愛的對象在我們眼前偷天換日。一開始，愛是渴望永無止盡地盼望著美善，但突然之間，我們的渴望對象變成了「永無止盡」本身：「愛是為了不朽。」到了這時候，這種說法或許也沒錯，因為我們或其他一些人都已因此擁有了對不朽的渴望；而且當我們同意一項結論時，通常不會在乎用來支持這項結論的論述有多糟。所以，從想要某種特定事物保持永恆，進展到想要存在（純粹就是為了存在本身），這種偷天換日的論述便悄然成立了。

第三個不合邏輯的轉折突然帶入了繁殖的主題，這種對繁殖的渴望似乎被解釋為人們無法實現「不朽」的渴望而獲得的安慰獎：「因為對生命有限的生物而言，繁衍就是一種永恆及不朽。」狄奧提瑪在此似乎預見了伍迪・艾倫的出現，他曾出名地宣稱他寧可藉由「不死」來實現不朽；此處的概念似乎是在說，如果無法跟「神性之美」（divine Beauty）結合，你就必須退而求其次地接受繁殖後代這個選項。愛、性和繁殖之間就是以這種方式連結在一起。在一段看似事後的補充中，想要擁有後代的渴望，被解釋爲人們在追求永恆凝視理想之美（ideal Beauty）的原初目標時伴隨出現的副作用。繁殖是次好的選項，也是一般人有辦法嚮往的唯一目標。

佛洛伊德的「昇華」算是柏拉圖這種看法的反轉。佛洛伊德認爲藝術家用像是「美」這樣的藝術目標去取代了性，柏拉圖則相反，他確信我們對美的原初渴望是無法實現的目標，所以才會用性和繁殖去取代。必須再次強調的是，你認爲這兩種說法何者更有可能成立，說明的或許主要是你的性情，而非哪個模式更爲優越。

我們並不需要強烈譴責這三項推論的不合邏輯：對偉大的哲學家來說，不合邏輯的事物也可以深具啟發性。在目前討論的案例中，儘管剛剛描述的三個推論都問題百出，卻讓我們注意到了人們在體驗愛情及面對死亡的態度中，所擁有的一些生動直覺。

首先，假設一個人永遠不想結束對美的凝視，反映的是人在身陷痴戀時，就算理解其本質短暫易逝，也無法克服當下認定痴戀將永遠延續的信念。狄奧提瑪的第一項推論是透過她的方式轉喻了這項體驗。

第二個不合邏輯的轉折，也就是從渴望永遠凝視著美，變成單純只想永遠存在，再次顯示出了愛侶想要相信結論而不管背後理由的強烈傾向，而且最好連想都不要去想，因爲一旦開始想就禁不起推敲。儘管希冀愛或任何幸福狀態不會因死亡而終結看似有道理，但除非永恆的生命能保證有品質，否則擁有永恆的可能性應該要失去所有吸引力才對。柏拉圖認定所有無法永恆的事物都不夠眞實，這種想法或許讓他忘記了，永恆其實可能不那麼令人愉快。

乍看之下，從追求不朽轉爲繁衍後代的第三個轉折似乎不令人驚訝。當然你或許會覺得生養孩子就是一種不朽，但其實完全不是這麼一回事。這個推論的顯而易見之處反而讓人看不見其中的不理性成分，因爲無論你花費多少心力去假裝，你的孩子就不是你。好消息是，就算是從未有過孩子的人仍有辦法對未來的生命做出貢獻，只是過程比較迂迴：蛆蟲和細菌會將你的肉體回復到永垂不朽的生命循環中。

「愛是渴求自身匱缺」的想法也間接暗示了一個更爲黑暗的眞相，大多數藝術及文學也總在盡情利用這個眞相：愛往往是痛苦的，其追尋完美的旅程也通常將目光放在幻覺及無法實現的目標上。一旦愛獲得了圓滿——包括神話和現實層面的圓滿——之後通常會在死亡中消滅，不然就是無法撐過高潮的「小死」以及日常生活帶來的無數創傷。狄奧提瑪透過徹底切斷愛與眞實個體之間的關係來迴避這個較爲黑暗的眞相。當陷入愛的人反思自己愛的理由，我們會預期他將意識到，那個一開始迷住他的男孩所擁有的美善，其實只是「愛的階梯」的第一階。那個心上人無法說明讓人想去愛的美麗是怎麼一回事。因爲若要維持邏輯的一致性，那麼，愛人應該將他的愛延伸到所有的美麗男孩身上才對：若美麗足以成爲愛一個人的理由，勢必也足以成爲愛所有人的理由。

如果不在這個令人愉悅的平等主義式濫交想像止步，一個理想的愛人很快就會轉移注意力，意識到理想的、非俗世的「大美」有多完美，並發現那種美的理想「形式」才是他一直以來所愛的眞正目標。這麼說來，蘇格拉底透過狄奧提瑪帶給我們的教誨，就是爲了心上人的美而拋棄心上人，也是一種針對「被愛個體」的系統化不忠。

這想法實在荒謬。不過很多人已受到這種愛情力量暗示的意涵所啟發，這種力量足以超越我們日常的凡俗瑣事，將我們的生命昇華至不同層次。這也提醒了我們愛與藝術及宗教狂熱之間的緊密連結。最好的愛情詩歌，即便是最私密的內容，其力量也大多來自將特定案例幻化出的普世意義。

回歸特定案例

狄奧提瑪的奇想並非這段對話的結尾，但人們通常將其視爲其中的高潮段落。進行最後一段演說的是喝醉的阿爾西比亞德斯，這位雅典著名的壞痞神童說了他嘗試引誘蘇格拉底卻失敗的故事。這個故事反轉了人們以爲都是年紀較長的男人引誘年輕男子的想像，不過卻應和了狄奧提瑪的想法，因爲她強調是道德和知識之美促使愛人爬上狄奧提瑪之梯。阿爾西比亞德斯著迷的是蘇格拉底的內在美，而非他的外貌（他出名的醜陋）。不過這位年輕人如此受到蘇格拉底這個特定對象迷惑的事實，使得狄奧提瑪「美才值得被愛」的主張不再那麼可靠。談到愛的眞實對象，這個例子恢復了具象人類個體的神祕主要地位。因爲阿爾西比亞德斯渴望的是蘇格拉底這個活生生的個體，而非他所體現的抽象特質，無論那樣的特質多麼値得崇敬都一樣。然而，一個人的各種特質是如何激發起他人的愛，本身仍是個令人疑惑的問題。

何謂性欲的禮節？

有些規範在《會飲篇》當中被視爲理所當然：男人與青少年男子擁有的愛比較優越、男人對女人的愛本質上是次等的，另外，追求性欲的滿足有其禮儀——比如誰該追求，誰又該被追求。阿爾西比亞德斯的故事反轉了正常的追求禮儀，因此成爲這段對話中的一個轉捩點。我們現在可以用更廣泛的方式來提問：在什麼樣的關係中期待肉欲愛是適合的？在我們身邊的妻子、丈夫、朋友、表堂親、孩子、家長或人類整體當中，誰適合成爲愛的主體或客體？誰是禁忌對象？又是什麼確立了適合與否的判準？

關於這些問題，不管在任何特定社會中，人們常以感覺「自然」這種說法來將自己的答案合理化。可是我們已經見識到了，希臘和我們的傳統之間存在巨大差異，有些人的預設其實只是當地習俗的產物，也就是所謂「社會建構」的結果。最有可能的情況是，我們對哪種行爲「就是比較自然」的感受，其實只是一種幻覺。

不過從柏拉圖的時代到我們的時代，人們有個態度似乎始終如一：愛不只能解釋糟糕的行爲，也能成爲使壞的藉口。愛讓人擁有特殊通行證：「在追求愛的過程中，」保薩尼亞斯說，「人類習俗允許他做出很多怪事。若這些事是爲了利益而做，或是爲了追求官職或權力，哲學會提出刻薄的譴責。」我們會在之後的篇幅發現，我們必須抵抗透過玫瑰色眼鏡來看待愛情誘惑，而且理由比現在還要多。

愛的演化觀點

儘管柏拉圖缺乏演化思維，《會飲篇》中有一些人爲了解釋愛的典型渴望及行爲，在發言時將起源故事作爲自己的論點。阿里斯托芬認爲愛人是在尋找自己的另一半，狄奧提瑪強調對於不朽的追尋，兩者都顯示起源故事可以解釋現行事物的運作方式。

關於機運及天擇在演化過程中如何塑造出人類的各種特徵，我們現在所知甚多。不過此一事實衍生的推論卻牽涉到許多純粹臆測性的重建工作。這些推論不太可能完全可靠或免於意識形態的預設。之後，我們在思考演化論可以爲愛帶來什麼啟示時應該要謹慎進行，同時也要在閱讀了柏拉圖書寫的內容後記住，當我們在擁護當下的社會規範時，可能會讓某些看似不可能成立的假設毫無根據地具有可信度，尤其是關於愛的本質以及可能隨之出現的性別差異。

感覺起來如何？為什麼？

伴隨愛而來的情緒有哪些？這些情緒讓我們想要什麼，又讓我們做出什麼行動？直到最近為止，詩人和小說家都自認擁有這些問題的解答（不過相對於付出愛是什麼感受，大多數作者似乎對被愛的感受不那麼有興趣）。柏拉圖沒有忽略這些問題。《會飲篇》中關於人類起源的神話故事，把人類全當成在尋找另一半的物種。這個強而有力的隱喻足以反映人在痴戀狀態時，可以在特定對象身上感受到不可避免的強烈吸引力。至於這種處境帶來的挫敗感，以及因為受到拒絕而得到的苦楚，在阿爾西比亞德斯引誘蘇格拉底卻徒勞無功的故事中也有出現。同樣地，現代知識透過追蹤大腦處理的特定程序，在我們感受起來類似的情緒之間建立起相似性及差異性——例如肉欲愛及母性愛之間的異同——於是能夠在此提供我們觀看這些感受的新鮮觀點。

我之後也會在此書中進一步探討這個主題。不過哲學家和心理學家已經開始意識到，體驗的特性不只仰賴大腦狀態，也仰賴引導我們詮釋那項體驗的情境及社會提示。舉例來說，就想想安慰劑所帶來的強大效果吧。在獲得預期擁有特定藥效的藥片之後，光是服藥者的預期心理就可能帶來百分之三十或更多的影響。這是藥片中沒有任何化學成分作用時所帶來的結果，而且有受到主觀感受和客觀測量的證實。同樣狀況可能也發生在與愛相關的體驗中。不過另外百分之七十呢？

在檢視當代有關愛的科學研究時，針對我們透過愛情體驗得知的狀態，許多「解釋」都只提供了中性的關聯性陳述，而我們應該謹慎看待這些陳述。這類關聯性陳述在我們理解愛時所提供的幫助，就跟命名有助於防範胃痛的消化系統部位差不多。不過另一方面，如果根據這類研究顯示，大腦中觸發特定心智及渴望狀態（例如跟宗教狂喜或藥癮有關的狀態）背後的化學物質，其實就跟觸發痴戀的化學物質一樣，或許能幫助我們擁有全新的切入點去理解，也可能讓我們找出更多掌控自己狀態的方式——如果我們真的希望可以掌控的話。

愛可以被分析嗎？

狄奧提瑪學說所巧妙開啟的討論就是典型的哲學討論。跟心理學、歷史學、神話學或科學的討論不同，這種討論可說是我們現在稱爲「概念分析」的一種方式。不過「概念分析」又是什麼意思？

我們可以把愛視爲許多情緒或先天特質的綜合體，將這些較爲單純的元素辨識出來可以是一種「分析」，這樣想比直接去思考愛來得容易。又或者我們可以將「概念分析」放在所謂「心理分析」的範疇內來思考：厄律克西馬科斯提供的觀點就是以無意識元素來分析愛，例如愛侶透過生理機制所展現出的和諧與不和諧狀態。不過哲學家所謂概念分析的意思又有所不同，指的是蘇格拉底針對愛與渴望之間關係質疑阿伽頌時進行的那種分析。我們在探問愛的「意義」時，針對什麼能算作渴望的提問就屬於這類分析。

不過在討論愛的時候，概念分析的運作方式似乎不只是探問意義。正常來說，若有一項性質被描述爲某個概念成立的必要條件，代表這個概念無法在沒有這項性質時成立。舉例來說，三角形是三個角的平面圖形，因此就邏輯上來說，任何多於或少於三邊的圖形都跟此概念不相容：我們知道情況是如此，但我們不會問三角形對此有什麼感受。

愛的情況卻不同。在此，我們傾向讓正在承受這種處境的人去決定什麼是愛的必要條件。想想這個例子吧：假如你在遇見蘇珊前就遇見了瑪莉，並陷入愛河，儘管蘇珊擁有一切讓你可以去愛的特質，甚至還更多，你對瑪莉的愛卻很可能讓你無法受到蘇珊吸引。這種情況完全取決於你先認識了誰的偶然性，而這點顯然是常識。不過大多數愛侶不太願意接受彼此的愛只是偶然的結果。在你看來，你對瑪莉的愛是客觀必然的結果，就像對一個普通的伊斯蘭或天主教追隨者而言，世間只有一種真正的宗教也只是客觀必然的結果。不過我們幾乎可以百分之百確定，要是這些人在出生時的背景不同，他們也會對不同觀點奉獻出同樣的熱愛。這是痴戀掌控我們時所帶來的部分效果，我們因此無法想像我們付出的熱愛有可能改變。

若要繼續對愛進行概念分析，那麼，我們必須一定程度地重視那些看似必然掌控著愛人的各種感受。不過我們也別忘了要冷靜看待陷入愛情的人，採取局外人的立場，並從觀察者的視角去探問，在愛的概念中必然存在的，究竟又是哪些面向。結果顯示，痴戀所擁有的這樣一個必然存在的面向，就是即便因爲痴戀而抱持了各種極致堅定的信念，仍有一部分會被證明只是妄想。

在蘇格拉底不停逼問阿伽頌的過程中，以下幾點最爲關鍵，而且都跟愛的概念分析有關。

「愛是針對某項事物的愛。」愛是一種有意為之的狀態。這裡指的是一種跟某項事物有關的心智狀態（那個事物可能存在或不存在）。就此而言，愛不像是一種心情，因爲儘管心情可以影響你對一切的感受，卻不是跟任何特定的事物有關。愛也不像是痛苦。痛苦本身跟任何其他事物無關，如果你不知道造成痛苦的原因爲何，痛苦也就只是痛苦而已。相反地，以下這種說法毫無道理：「我瘋狂地陷入愛情——但完全不知道對象是誰。」一旦確立了愛有針對的對象，蘇格拉底便想辦法讓阿伽頌同意：愛牽涉到渴望，是人對自身缺乏之事物的渴望。這個論述凸顯了渴望的角色，而渴望也是我們下一章的主題。

不過首先，讓我用一個問題總結這個章節：在將近兩千五百年之後，我們可以從柏拉圖的《會飲篇》中學到什麼？

除了目前爲止談及的部分見解之外，我們獲得的最重要教誨就是沒有任何教誨足以解釋一切。在以上所舉例的發言中，每個人用來理解愛的取徑都相當不同，但也都在某個層面上反映了眞實。不過普遍來說，每個人對其他人的說法幾乎無話可說，除非有人發言的內容顯得過度誇張或平庸：保薩尼亞斯輕易地就讓大家明白，儘管費德魯斯認爲愛能帶來許多心理層面的好處，卻在言詞間迴避了愛的黑暗面向；當阿伽頌對我們說明了愛的概念，將愛類比爲神，並認爲愛象徵了完美的美好及善良，卻遺漏了愛最關鍵的元素「渴望」時，蘇格拉底便採取了更精巧的方式予以反駁。這一切都不只是鬥嘴而已。所謂理想的美好人生若要成立，正是這種討論建立起了其中一個容易遭人遺忘的核心面向。

如果愛或任何我們高度珍視的事物，會以非常重要的方式影響我們的感受和行爲，那也一定會驅使我們產生渴望。就定義而言，「渴望」是投射向一個實際上並不存在的目標。我們可以看到這個概念是如何體現於英文詞彙「想要」

（want）的歧異性：其中一個意思指的是心理狀態，而且只在指向不存在的事態時才容易讓人理解（一個人想要就是因爲他缺乏而且想要）。柏拉圖解釋了我們如何可能想要已經擁有的事物，他的說法可能成立，也是正確的，不過前提在於我們的意思是想要持續擁有那項事物。而既然我們還沒擁有未來，這種說法也沒打破「我們只能渴望我們沒有的事物」的規則。

在獲得了狄奧提瑪的指點之後，我們在下一章要問的是：愛人渴望的是什麼？

第三章　渴望

人生有兩種悲劇：第一種是得不到想要的，第二種是得到了。

（王爾德和蕭伯納）

他們暴食蜂蜜然後開始
憎恨香甜的味道，因為只要多一點
再多一點就是太過頭了。

（莎士比亞，《亨利四世》第一部第三幕第二場）

愛人想要的是什麼？

如果要說狄奧提瑪說對了什麼，就是愛本質上跟渴望有關。但什麼是渴望？什麼樣的渴望是愛的典型表現？

愛侶們想要的事物是人們在任何友善關係中都會渴求的：信任、親密、情感共鳴、陪伴，還有對彼此福祉的關懷。除了那些之外，肉欲愛還會出現其他更明確的渴望，而沒有什麼能比道蘭德的歌詞更簡潔地條列出這些渴望：「去看、去聽、去碰觸、去親吻、去死／再一次與你，最甜美的共鳴。」注意道蘭德的歌詞多麼信手拈來地翻玩了「死」的雙重意義。考量在那一刻的性欲張力，我們也可以用高潮的感受來理解他所謂的「死」。不過就算在幸福的當下，愛侶也很難不去想有關死亡的事。看看莎士比亞筆下的角色奧賽羅是怎麼說的吧：

> 如果現在就要死，

現在就是最幸福的時候，因為恐怕
我的靈魂因為她體驗了無上喜樂
再也不會有令人欣喜的事
能在我的未知命運中超越此刻

我們可以理解這種想在幸福的巔峰死去的願望。我們也可以理解想要永遠留住這一刻的盼望。不是所有人想要的都一樣，即便是大家的「內心深處」也各有所求。然而，人們通常會將部分渴望跟愛連結在一起。

想像兩個陌生人注意到了彼此，感受到了渴望的騷動。這種渴望不用指向任何特定事態。這些渴望也還不用造成任何特定效應，任何事件都還不用發生。相反地，兩個人只是開始因為對方而感受到純然的渴望。這樣的渴望有目標，但沒有目的。雙方的渴望都會因爲見到對方擁有的渴望而不停升高。這樣的心意相通一開始或許全然由無言的凝視所構成，這道渴望的螺旋不停受到強化而成爲一個循環的迴圈。循環的迴圈可以是正向或負向的。負回饋會導致平衡：像是恆溫器在熱時就會關閉，冷時就會打開。不過正如所有工程師所知，正回饋就是導致災難的標準流程，只有外部破壞可以阻止這樣的流程一路加速直到某種爆炸發生爲止。就現在討論的狀況而言，幸運的是，所謂災難只會是身體或性方面的連結：整個過程因此轉化進入了新的階段。

這個螺旋因爲彼此渴望而不停強化，其中牽涉到的循環迴圈需要兩個參與者，但對其中任何一人來說，情況都可以用一個圖像來表示：由渴望、追求和愉悅形成的一個圓。這就是心理學家稱爲「操作制約」的基礎，這是一種簡單的學習模式，在這個模式中，喜悅代表了努力的成功，因此會鼓勵我們重複努力的行爲。在這個渴望及愉悅的圓圈中，渴望驅動了追求的行動，成功的追求行動確保能夠掌握渴望的對象，而確保能夠掌握渴望的對象則產生了愉悅的感受，於是愉悅感就在下一輪更提升了渴望的強度。

「滿意」的詛咒

不過，世間有個令大家沮喪卻又再熟悉不過的現象，這個現象正是奠基於剛剛那個令人難以理解的圖像。在莎士比亞十四行詩的第一百二十九首中，他針對這種不快樂的現象提出了強而有力的描述：

若說哪種精力耗費是羞恥的虛度
正是期待得逞的肉欲；得逞之前，肉欲
發假誓、致命、血腥、惡行無數，
野蠻，極端，無禮，冷酷，讓人信任破局，
只要享受到了，立即蔑視，
無視理智地獵捕，只要得到
就無視理智地憎恨，如同吞下餌食
那餌是要讓吞食者變得狂暴；

追求時瘋狂，獲得時一樣瘋狂；
曾擁有，正享有，或追求，皆走極端；
證明了天堂極樂，但證明後，徹底憂傷；
之前，迎向喜悅；之後，徒留夢境虛幻。
世人皆心知肚明，但又無人真正領悟
該如何避開這通往地獄的天堂之路。

這首十四行詩值得全文引用，因爲其中包含了兩個重要的概念。首先，渴望本身無論是否達到目的總之都是痛苦的。其次是渴望有時會受制於我所謂的「滿意的詛咒」。當這種情況發生時，就算有特定渴望獲得滿足，帶來的也不是情感上的滿足，反而是厭惡。這兩個概念各自獨立，但都表現出渴望本身是種極度不讓人渴望的狀態：持續時令人痛苦，後續又只會帶來失望或更糟的結果。這種情況並不符合剛剛描述的渴望及愉悅迴圈。

在嘗試解釋那個圖像究竟在哪裡出了錯之前，讓我們更仔細地檢視這兩個渴望的特色。愛帶來痛苦已經不算新聞了，不過對很多作家來說，包括柏拉圖和那些信仰佛教傳統的人，愛的痛苦不過是依循「所有渴望都有內建痛苦」的傳統罷了。這當中存在一種特定邏輯：渴望本身就是痛苦的，不然爲什麼要透過達成目標來結束渴望？爲什麼不放鬆享受就好？不過正如莎士比亞所說，渴望殘暴地推動著我們：渴望「發假誓、致命、血腥、惡行無數」。

不過正如我們根據經驗所知，渴望的狀況只有極少部分是這樣。世間有甜蜜的渴望、美妙的渴望，另外還有推遲圓滿結局到來的藝術，只爲了有更多時間好好品味這段渴望的時光，單純地享受苦樂參半的渴望本身（「分離是多麼甜蜜的憂傷啊！」）。相對來說，「誘人的渴求」其實是個矛盾的說法。人在渴求的當下，想要的不是滿意達成目標，而是擺脫渴求的折磨，因爲渴求本身是讓人厭惡的。

不是所有渴望都是渴求。不過，即便是帶來愉悅的渴求也可能存在嚴重的內在矛盾。無論是追求高潮這種狹隘目標所指向的渴望，或者是想要追求圓滿愉悅的所有更廣泛的渴望，其實都嚮往著自身的毀滅。當渴望本身是痛苦的，渴望獲得的圓滿就目標而言分成三方面：愉悅、痛苦的結束，以及一切的終結。這個事實或許部分解釋了爲何人們常選擇將愛或性跟死亡連結在一起。

至於獲得想要的目標卻不滿足的情況，有些比較不極端的例子可以說明。最顯而易見的常是因爲你一開始就搞錯了想要的目標。那種失望或許可以透過更仔細而明確指出你的需求來避免。第二種更常見的問題，則是大家所知的**飢餓效應**（alliesthesia）。這是個嚇人的詞彙，因爲我們很清楚愉悅會在獲得饜足後逐漸消退。我在口渴時飲用的第一小口水會讓我置身天堂，但最後一口卻可能只是禮貌性義務。第三個問題在於，就算擁有了激烈渴求的愉悅感受，這種感受仍可能因爲不停想到「太過美好的此刻不可能延續」而無法盡興。

另外還有一種感受特別容易讓愛人卻步：在你達成目標那一刻，你感覺一切並不值得，因此在獲得想要的目標後感到失望。這種狀況常被俏皮地稱爲「馬克思主義」，但不是爲了跟提出共產主義的卡爾．馬克思（Karl Marx）致敬，致敬對象是喜劇演員格魯喬．馬克思（“Groucho” Marx），這位演員不屑加入任何願意自貶身價接受他的俱樂部。愛的馬克思主義是一種對自己不安的感受，擁有這種感受的人會覺得心上人不可能配得上自己，畢竟愛上自己代表對方品味太差。

正如同十四行詩的第一百二十九首所捕捉到的樣貌，「滿意的詛咒」展現出的最暴烈形式確實跟之前工整描繪的渴望及愉悅迴圈不一致。這是因爲之前有關迴圈的描述並不完整，其中應該包含五個階段而非四個，而缺乏的環節是**獎勵**。獎勵乍聽之下不過是愉悅的另一種說法，但指的其實是改變我們可能行爲樣貌的機制。完整的迴圈是這樣的：一、渴望驅使我們去追求目標；二、透過追求確保獲得渴望的對象；三、渴望的對象產生愉悅感受；四、愉悅觸發獎勵機制；接著是五、獎勵機制進一步強化渴望。

獎勵（或說強化機制）是之前那個圖表中缺失的關鍵步驟。這個獎勵機制可以受到各種異常的方式觸發，不必然要靠有意識的愉悅情緒介入。這樣說似乎很矛盾，但當你預期的結果過度夢幻美好，你可以直接意識到這種可能性，即便已經明白自己獲得的愉悅不可能有預期那麼強烈（「世人皆心知肚明……」）。這種情況有時也會發生在預期目標滿意達成時，那種興奮感可能會在達成那一瞬間直接消失。

在這個渴望迴圈的第四、五步驟中間的斷裂，可以透過**喜歡**和**想要**之間的差異來表達，而這個差異已有腦科學證據的支持：「想要」驅策的是達成目標的行動，而「喜歡」描繪的則是一個人在擁有目標後從中獲得的愉悅感。

在描述人們仍然想要某個不再喜歡的事物時，我提議使用**惡習**一詞。據此而言，有些吸菸者親身經歷的習慣似乎就是這種惡習。上癮者會以特別致命的形式體驗到這種惡習：他們渴求那種一開始帶給他們強烈愉悅感的物質，但現在發現無法獲得那麼大的愉悅了，攝取也只剩緩解渴求的效果。有時，正如在十四行詩的第一百四十七首中強而有力的描述一樣，你可以發現痴戀就是上癮的近親：「就像發燒，總在渴望能讓病情發作得更長久。」

不過當然（你們這些親愛的讀者一定一直焦躁地想要反駁吧），遇到「眞愛」時的情況不會那麼慘烈。愛人不可能在獲得想要的目標時感到失望，因爲比起其他一切，最能讓他們開心的莫過於對方的愉悅。所以就算你覺得情況沒那麼好，你也會因爲心上人覺得好而開心。愛人的渴望是利他主義的（不過只是狹隘的利他主義，他們在意的只有心上人而非任何其他任何人）。根據大家的說法，愛會讓陷入愛的人超越只關心自己的狹隘心態，而我們因爲他人喜悅感受到的幸福，也不會屈服於滿意的詛咒。

利他主義的兩難

這種說法無疑有其眞實性，但仍有啟人疑竇的空間。關於第一章後來沒談下去的羅密歐和茱麗葉，讓我們假設兩人的凝視不停彼此強化，最後終於抵達了這個階段：原本純然因為對方而產生的渴望，變成希望有事件因此發生的渴望。在那個階段，他們心中滿溢著利他主義式的大愛情懷：「你的意志就是我的意志。」他們這麼說。

不過這種情操高尚的口號也可能讓情況變得凶險。若是完全遵照字面意思行動，不幸的愛侶可能會因此陷入一種邏輯上的難題，也就是所謂利他主義的**兩難**。如果兩個人都只想照著對方的意志行事，那麼兩人也就都無事可做了。

他們甚至會過得比兩個純然自私的個體（也就是那種拒絕考慮對方偏好的人）還糟糕。若兩人都是自我中心的傢伙，他們會各有偏好；而若偶然地，兩人剛好想要一樣的事物，此時他們的行動也才可能同時讓彼此滿意。

相反地，兩個純然的利他主義者，在其中一人承認自己擁有獨特的偏好之前，無法將他們行動奠基於任何正向的渴望。更糟的是，如果兩人都努力去做自己認爲另一個人想要他做的事，迎接的可能是沒人感到愉快的結果。（幸福的家庭其實頗常陷入這種利他主義的兩難，其中有個顯而易見的例子：所有人都討厭那隻感恩節火雞，但大家都忍耐不說，假裝滿足地享用，只爲了不破壞他們假定所有其他人享有的愉悅。）如果兩人都誠實地表達自己眞正想要什麼，就能逃脫這個兩難困境，不過首先需要他們放棄這個宣稱：我只想要對方渴望的一切。

實際上，愛人會努力理解對方的感受，並針對心上人可能喜歡的選項遲疑地提出各種假設。透過承認那些比較重要的欲望，他們放棄的只是一種利他主義不可能執行的形式。不過即便是理性上不完美的利他主義者，愛人對心上人的關懷其實還附帶了一些細則。這種希望對方幸福的渴望通常會有一項附加條件：「我想要你幸福的渴望勝過一切——但前提是，提供幸福的人只能是我。」另一個意思非常相近的例子出現在比才的歌劇《卡門》中，女主角透過著名詠嘆調的歌詞提出赤裸裸的威脅：「Si je t'aime, prends garde à toi!——如果我愛你，小心點！」

透過這項附加條件，我們可以看到想要擁有的渴望可能以多麼有害的形式呈現出來。就算愛人放棄了形式更爲粗鄙的擁有手段，這種有害想法仍可能如影隨形跟著他們。你之所以愛上對方，是因爲他本質上擁有的自主精神，你永遠不想去約束他最深層的人類尊嚴及價值，也就是哲學家康德強調的「不可讓渡的自由」。只是，你也希望他能用正確的方式去行使那項自由。說到底，神將「自由意志」這項珍貴禮物給予祂的子民時，也遇到了同樣的問題。在以祂的形象創造出來的子民身上，自由是不可或缺的一部分，但你若是誤用了，不幸就會降臨到你身上！你會因此進入地獄後永世不得翻身，就算神會因此非常傷心，但決定好的事不能反悔。在被丟入地底世界的人身上，這樣的雙重意涵揭露出造就他們忌妒面容的種種情緒。忌妒是歌劇、悲劇——以及鬧劇——的素材。忌妒也禍害著一般愛侶的人生。

類似的附帶條件總有更多：愛人們幾乎時時刻刻覺得受到一位主人管束，而且這位主人總會設下各種瑣碎的要求及限制。作家吉普妮斯就蒐集了一張清單，其中列出人們在關係中「被要求不准做」的事：

你不能在沒說要去哪裡的情況下離家。你不能不說自己何時會回來。你不能在外面待到午夜，或十一點、或十點、或晚餐時間，又或者不能在下班後沒有立刻回家。你不能在另一個人想待在家時出門。你不能獨自去參加派對。你不能單純為了想出門而出門，因為不能不考慮另一個人的擔憂，對方會擔心你去了哪裡，或者因為天生缺乏安全感而擔心你不在本來說要去的地方，又或者擔心你可能另外去了哪裡。你不能在沒有諮詢對方意見的情況下制定計畫，特別是針對晚上和週末的時間……

這份清單超過九頁，其中的明確限制應該都是源自一些常見的需求及渴望：需要感覺自己有用、需要被關懷、需要感覺自己值得被愛、需要自己是特別的——簡而言之，需要自己的愛獲得回報。不過同時也是爲了不讓我們顯得丟臉，畢竟現在的我們已成爲一體，任何一方都可能因爲另一方的行爲而丟臉。無論如何，吉普妮斯的清單中就有些項目暗示出了這點：「你歸還租車時不能不把垃圾清掉，不然會讓你的另一半丟臉，就算你堅持租車費用已經包含了清潔費也一樣。」

無論幸不幸福，每對伴侶總之都是不同的，或至少應該是不同的：考量人類無窮無盡的多元樣貌，我們會預期只要世間有多少對情侶，相愛的方式就有多少風格。但事實上，根據人們描繪愛侶的方式，實際存在的風格卻少得令人驚訝。每隔一段時間，坊間就會出現保證可以剖析愛情類別的新書，但眞正提出的種類卻只是將無限豐富的可能性限縮爲大約半打的數量。我會在之後談到我個人的推斷——我認爲這些分類不是爲了捕捉愛的經驗，而是要讓愛變得比較容易討論。不過此刻，以及本章剩下的篇幅，我要回來談關於渴望幾個更普遍的提問。

香帕涅判決

有些渴望是奠基於一種或多種其他的渴望，這裡就稱之爲**基於理性**（reason-based）的渴望。這個說法聽起來，嗯，很合理；但就某種意義而言，那代表你或許不是**真的**渴望那個你有理由去渴望的目標。因爲你想要的只是一個手段，而且爲的是獲得某個或許本身並不讓人渴望的事物。想要獲得牛奶是去商店的理由。去商店是一個手段。牛奶本身也是一種手段，你可以列出一長串理由，直到終於找到那個你就是單純想要、而且無法再給出任何進一步理由的事物。現在我們就說那是**無理性**（reason-free）的渴望吧：你只是因爲那個事物的本身而想要它。比如你覺得渴，那你就是單純地想要喝些什麼。

不過你可能會問，想喝些什麼的渴望難道不是基於想活下去的渴望嗎？沒錯，就某方面來說確實是如此。正常來說，某種生理機制會讓你在脫水時感覺渴，不過你不需要事先了解任何有關脫水的機制就會覺得渴，就算是徹底失去生存意志的人仍可能覺得渴。想要喝些什麼就是毫無理性的渴望，那樣的渴望給了你去做其他事的理由，像是倒一杯水，或是想辦法弄來一些買牛奶的錢。不過想喝些什麼這件事本身並不需要任何理由。

愛的渴望屬於哪一種呢？為了回答這個問題，讓我們來求助愛情法庭吧——在宮廷愛情存在的年代，愛情法庭是個受託處理愛情疑難雜症的機構。一一七六年，主持愛情法庭的香帕涅伯爵夫人必須處理一個問題：透過婚姻結合的兩人之間，有可能存在愛嗎？她的判決如下：

> 我們透過這場審判指出並確認，愛無法將其力量延續至婚姻中，因為愛侶會自由地給予彼此一切，無須承擔任何義務或必要性；相反地，婚姻伴侶卻承諾必須實踐彼此的意志，而且不能拒絕彼此的任何要求。

在這場審判中，「自由地給予」獲得了三個反例：義務、必要性，和承諾。

這三者都提供了行動的理由。此外，香帕涅伯爵夫人的判決間接指出，愛就算不是讓我們毫無理由地採取行動，也是基於跟那三者完全不同的理由。

有人可能會問，人們一開始去愛時是否有理由？這個問題會在下一章探討，但現在我們只檢視愛所提供的理由。爲什麼那些理由無法驅動結婚的伴侶？無法否認的是，愛會讓我們做出許多事，理由也會——至少當我們表現出理性的時候。香帕涅判決暗示了兩者的運作機制並不相同。

我們都見過有人在陷入不幸時會用「所有發生的事都有理由」來應對。他們喊出這個口號時的自信很惱人，因爲，拜託，根本不會有什麼好理由。大部分事件都是隨機發生的，而隨機可算不上什麼理由。不過那個口號正是因爲空洞而有用處：我們會因此被迫面對事實，而事實就是要想出什麼算得上**理由**並不容易。理由和機運是相反的概念，不過更可能跟理由搞混的是**原因**。

「原因」和「理由」這兩個詞有時可以交換使用。說一個人的難過有理由或原因的差距並不大。不過只有人類**擁有理性**，無生命的物體沒有；此外，根據我們目前的有限能力判斷，植物和昆蟲也沒有。因此當有人宣稱他們的「抱怨是有原因的」，他們眞正想說的可能是「我有一個抱怨的好理由」。他們眞正的意思是這些抱怨具有**正當性**。相反地，如果有一丁點兒火星釀成了電線失火，我們不會說電線有爆出火花的好理由。只有理由具有正當性，事實上，只有好理由具有正當性，畢竟有時我們會基於糟糕的理由去行動（或相信某事）。只因爲ＬＶ包最貴所以選擇去買或許是糟糕的理由，但只要我們能理解，人是如何可能用理由去合理化自己的行爲或信念，糟糕的理由仍可以是理由。

你可以因爲某些原因而毫無理由地做出某些事。舉例來說，想想你的醫生是如何透過輕敲膝蓋下方的部位來測試你的反射神經。你的腿往前抽動，這是有原因的，但不需要任何理由。事實上你並沒有眞正去**做**這件事，這件事只是發生在你的身上。疼痛就是這種情況：假如你踩到一根釘子，你可能會痛，而且意識到原因爲何，但踩到釘子並不是你感到疼痛的理由。疼痛不需要理由。或許愛也一樣。

簡而言之，理由和原因都可以導致事情發生。若是一件事情的發生有理由，那個理由便也同時是原因。不過只有擁有心智的人類才能擁有理由，因爲他們有得以合理化自身選擇的思想能力。不幸的是，這個局面還需要進一步複雜化，因爲關於你可以或不可以選擇什麼，兩者之間的界線並不總是明確俐落。信念就是個好例子。我們可以有各種理由去相信一件事，不過在大多數案例中，我們不會去選擇要相信什麼。若相信與否成爲一種選項，往往是因爲兩邊的理由都不夠充分，或者如我們之前所說的不夠「令人信服」。不過人們擁有的信念背後大多存在足夠有說服力的理由：你不能只是決定二加二等於五，又或者在穿越馬路當下認定向你衝過來的那輛車並不是眞的在那裡。你也不可能遵循白皇后給愛麗絲的建議：在吃早餐之前相信六件不可能的事。或許愛的渴望也是透過此種方式運作。許多人深信他們的愛就跟相信二加二等於四一樣，那不但是一種必然的結果，而且奠基於各種理由——就算他們無法詳細說明理由也一樣。如果渴望和信念在這方面類似，或許這個解釋也能適用於兩者。

就信念的案例而言，任何信念——比如說，「貓在墊子上」好了——本質上都是由內嵌了「貓在墊子上」的意義網絡（network of implication）所組成。你可以給出許多認為「貓在墊子上」的理由，而那個信念本身也是其他信念得以成立的理由之一。你的信念似乎是因爲世間的各種事實而變得不得不然，畢竟這些事實早已在你的信念體系中各據其所。你無法選擇不去相信「貓在墊子上」，因爲若是這樣做了，你就得反對無數其他信念——比如那隻動物長的就是貓的樣子，或是你並沒有發瘋、也沒有在做夢之類的信念。不過有時候，當你沒有去相信或不相信某事的有力理由時，你就必須衡量優缺點，而在那種情況下，我們似乎可以說你是選擇了其中一個信念。相對地，有些信念似乎就是如此顯而易見，彷彿獨立於所有其他事物而成立。哲學家笛卡兒認爲「我存在」就是其中之一。當然你也可以懷疑笛卡兒是否眞的存在，但你不能懷疑自己的存在。這個信念等同於「無理性的渴望」，所以我們或許能說這是種「無理性的信念」。

愛人的渴望有可能像信念一樣同時需要並提供理由，但正常來說又無法讓人自行選擇嗎？如果並非所有渴望都基於理性，愛人的渴望想必也是如此。我們剛剛已經明白，你想喝些什麼的渴望可以從脫水的生理或心理學機制來解釋，但不需要在過程中爲此賦予任何理由。而類似的情況是，正如厄律克西馬科斯一開始所指出的，有些愛的渴望或許可以從生理及心理的各種層面來解釋，不過你在爲愛痴狂的情況下不會想到那些。無論是想喝些什麼的渴望、想愛撫的渴望，還是想凝視、照顧，並跟某人相伴一生的渴望，可能都更接近「你存在」的那種信念：你並沒有選擇去感受到愛，但也沒有不去感受的選項。

假如你剛認識一個人，你可能會嘗試判斷自己究竟是否喜歡對方。你不太確定，但根據你的性情，還有幾乎難以清楚說明的一些印象，你決定姑且將新認識的對象往好的方向去想，當然有時也可能是往反方向想。總之此時，你對這位新對象的態度其實很像讀到某項爭議性資訊，如果對於相信或不相信都沒有強烈傾向，你或許會覺得自己有選擇的餘地。不過更常見的狀況是，愛其實更像口渴：那會讓你有理由去做出一些事，但本身似乎不需要任何理由。愛就是無理性的。

我們可以藉由理性及無理性渴望之間的分界來理解那位伯爵夫人的判決。根據她的立場，源自愛的那些渴望都屬於後者。不管你想爲你的愛人做什麼事，總之你就是想要做。同樣地，當你想要嗅聞花的香味，你並不是把花香當成一種手段（除非你被園藝企業僱用來分析花香的質地）。婚姻提供了讓人承擔某些責任的理由，而這些責任反過來提供了你照顧配偶的理由。因此，照顧你的配偶不再是純粹無理性的渴望。

只不過在香帕涅判決出現的幾十年前，哲學家阿伯拉爾的傳奇戀人埃綠綺思所寫下的一段話，爲我們在此的討論又增添了一個意外面向：如果一對配偶「沒有深信地球上的任何地方，沒有更有價值的男人或更美好的女人，那麼，你無論如何都會持續尋找心目中最好的對象——想在所有可能的丈夫或妻子人選中找到最頂尖的一位」。這意味著，配偶不只有照顧對方的義務，還有相信對方就是「所有可能對象中最頂尖人選」的責任。他們一定要這麼想，不然就會時時注意是否有更完美的對象。不過既然他們結婚了，接下來的責任就是不這麼做。我們或許會說這是一種保持盲目的責任。

我們可以用以下這個三段論來進行總結：

一、根據定義，沒有任何「基於理性的渴望」可以是純然無理性的。

二、當我們戀愛時，之所以會產生希望對方幸福的渴望，原因就是愛，正如脫水可能是口渴的原因，但口渴本身完全無理性。
三、基於婚姻契約，丈夫和妻子有義務照顧彼此。
四、他們想照顧彼此的渴望因此必然奠基於義務。
五、責任和義務構成了「理性的渴望」的基礎。
六、因此，丈夫和妻子的渴望只可能是「基於理性的渴望」。
七、因此，丈夫和妻子無論對彼此多麼宅心仁厚，都不可能受到只屬於愛的那種「無理性渴望」所驅使。

這個結論是遵循第一至三點的前提推論得出，如果我們想反對，就必須反對其中一項前提。第二項前提是最容易推翻的，不過這項前提精確來說到底有什麼問題？我腦海中立刻浮現的是：這項前提是基於過度抽象的愛情理想，而正是這種抽象概念導致了利他主義的兩難。不過說到底，這種兩難並不會帶來任何實質的威脅性，因為認眞相信「一個人的渴望可以是單純的利他主義」純粹是痴心妄想。任何額外動機都會在你希望對方幸福的純粹渴望之外多加一個理由，導致你的「渴望是純然無動機的」宣稱變得無效。簡而言之，我們的渴望太過複雜凌亂，導致前提二在眞實世界中很難站得住腳。

不過，即便是理想化的概念仍可以有用處。我們都在學校學過一些基礎物理學，其中就包括這類不存在的事物，例如無摩擦力的表面。這類簡化概念對於幫助我們理解有不可或缺的功效。基於同樣精神，我們可以如此看待那些理想愛背後的無理性渴望。那種理想化概念爲我們拉出了基準線，使我們能藉此評估日常中的匱缺及渴望所背負的巨大包袱。無數朦朧難辨的動機，混淆了我們據稱因愛而做出的決定。

舉例來說，想想在美國結婚的人吧，這些人都會有幸獲得（或必須背負）一千一百三十八項權利、義務，以及特權。那些爲愛結婚的人（許多人都如此宣稱）可以假裝無視這一切，反正很少有人會眞的把婚姻那紙合約中的附屬細則讀完。儘管如此，那些在婚姻合約中沒有被好好讀過的條文其實都是要提醒我們——那些看似最純粹的無理性渴望，很少眞正是如此。

第四章 理由

腦和心的互動是混亂的連索舞
它們一圈又一圈地彼此追趕
總在為感受尋找理由歸屬
卻在找到理由時少了愛。

（匿名）

正是面具蒙蔽了你的心神
之後還撩撥你心弦
而非隱沒的真身。

（葉慈）

愛需要一個對象。這個對象必須被認爲吸引人，此外幾乎不需要擁有其他條件。不過對象是什麼？爲什麼你愛的是這個對象而非另一個？

在第一章中，我指出愛可能投注於不尋常的對象，比如非人類對象，或甚至無生命對象。就連最忠實的動物愛好者可能都很難想像有人對寵物的偏愛可以變成肉欲愛，一般人通常也很難想像和親密友人、家族成員之間的情感可以變成痴戀。不過，戀物者在描述他們與一座橋、一把弓，又或者艾菲爾鐵塔的關係時，會使用描述激情愛時所熟悉的語言，只是我們之中很少人能對此產生共鳴。（老實說，面對一些你認識的愛侶時，你可能也會有很類似的感受：「她到底看上他什麼？」）我懷疑無論愛所投注的對象爲何，其中運作的邏輯都大同小異。不過在談到愛時，我們不太會預期要討論冷漠的理性。我們已經理解愛有時會被視爲一種隨機襲來的苦痛，就像一種疾病：「我的愛就像發燒……」但就算愛的體驗像一種精神疾病，也有許多可歸因的理由。同樣也是出自十四行詩的第一百四十七首，莎士比亞在以下詩段點出了一個理由（「我曾堅信你美麗」），並宣稱當時自己失去了理智（「如同瘋子，隨機偏離事實」）：

我的思緒和想法如同瘋子，
隨機偏離事實又徒勞無益，
我曾堅信你美麗又燦爛，
現在你卻黑如地獄，暗如夜晚。

就這點而言，愛就像一種癮。但即便是上癮者也會有意識地行動：他們不只是進行無意識的身體動作。他們會找藥頭，也會主動拿起針筒，而且或許會聲稱藥物帶來的狂喜是他們用藥的理由。那些愛人也一樣，就算是很想將自己塑造成激情之下的無助受害者，卻也急著告訴我們他們愛上對方的原因。但我們的愛真的有理由嗎？

愛的好理由和壞理由

我們很難說什麼是愛的好理由，但要找出壞理由卻簡單多了。就各方面而言，愛的理由跟我們帶有批判性地評斷何謂「美」時給出的理由類似。比如「因爲很貴」會是針對某個藝術品進行投資的好理由，卻是認定它很美的壞理由。但作品的高價仍可能成爲一個人認定它很美的原因：一個有效的原因並不必然是一個適切的理由。

王爾德最好笑的戲劇就是建立在角色被問「爲什麼你愛他」時，獲得了「因爲他的名字是歐內斯特」這個荒謬答案：

阿爾傑農：如果我的名字是小阿爾傑，你就不能愛我嗎？

西西莉：（起身）我或許會尊敬你，歐內斯特，我可能會仰慕你的品格，但恐怕無法全心去愛你。

在《無事生非》這齣戲劇中，班奈迪克對妻子的要求首先就是得有錢：「她必須有錢，這點是確定的。」不過一個跟對方結婚的好理由不必然是愛她的好理由。對方的富有或許可以作爲期盼你也能被愛打動的理由——畢竟如果你打算跟她結婚，愛上她會讓一切變得方便許多。不過人們通常會在「方便」被當作愛的理由時皺起眉頭。班奈迪克的其他一些要求（「睿智」、「品行端正」、「溫和」、「高尚」、「善於言談」）是更可能讓他產生愛意的理由，因爲那些跟人的品格有關。在此同時，狹隘地關注於人的品格——其中同時帶有美學及道德品行的意涵——會讓這個人聽起來情操高尚到令人起疑的程度。吸引人的對象通常讓人可以去愛，但吸引力通常和品行端正的人格沒什麼關係。

此外，端正的品格通常不會是人們想要被愛的原因。這裡有兩個問題：一、什麼樣的理由能夠合宜地用來解釋愛，或者將愛合理化？二、你會希望因爲什麼樣的理由被愛？而這兩者的答案可能彼此衝突。

讓我們看看苔絲狄蒙娜和奧賽羅相愛的理由。根據奧賽羅所說，一切從他所訴說的戰爭故事展開：

我講完了故事，
她便報以長吁短嘆……
她是因為我曾經危險而愛我，
我亦因她的同情而愛她。[1]

（《奧賽羅》，第一幕第三場）

他的故事激起了她的同情，而她的長吁短嘆觸動了他的愛意。注意，儘管以下只是次要資訊，但兩人的反應實在符合狹隘的性別刻板印象。我們很難想像他們各自用對方的方式做出回應。之後我們會再回頭討論愛的「理由」所帶有的性別意涵。不過現在，讓我們先針對這些故事及其作爲「愛的理由」所扮演的角色來提問。我們所有人都像奧賽羅（圖3）一樣嗎？我們都想因爲我們對自己及他人訴說的故事而被愛嗎？

你所訴說的故事很可能與你想被愛的盼望有很大關聯，但不代表那些故事一定要是眞實的。許多關係都奠基於謊言，就像大部分的國家。若是仔細想想，「我同情他」實在不太可能將「我愛他」合理化，「她同情我」也實在不太是個足以愛她的理由。我們足以偵測出虛僞理由的直覺很可能讓我們懷疑奧賽羅根本沒搞清楚狀況。他是個說話坦率的人，但爲了讓故事徹底抓住觀衆的注意力，他無法抗拒地想去美化故事。至於他在苔絲狄蒙娜內心激起的情感，絕不僅限於同情。在第一波愛意的激情衝擊中，就算是急著想給對方留下好印象，親愛的讀者啊，你也可能誇大了自己所承擔的痛苦與經歷的風險；又或者嚴格來說，你可憐兮兮的哀嘆程度比眞正必要的多出了一些。

理性可以在各種不同方面出錯。舉例來說，如果宣稱因爲對象有錢而愛她有什麼不對勁的話，或許不是因爲這麼說反映出你的人格低劣，也不是說她的財富不能是讓你產生愛意的**原因**；畢竟在你嘗試**找出**愛的理由時，這項宣稱也可以成爲可能的理由。不過，就愛的理由而言，根據我們對字面上的理解，這

1 譯註：這裡引用的是梁實秋翻譯的《莎士比亞全集》（台北：遠東）。

圖3｜你會說這樣是「愛得太深」嗎？[2]

項因爲有錢而去愛的宣稱令人難以理解。這讓所謂「根據我們的理解」變得非常重要。任何情況在不同時空都可能有所不同，不過在「富有」足以將愛情合理化的文化中（相對於那些「富有」只能讓人們假裝去愛，或盼望自己被愛的文化），大眾理解此概念的方式一定跟我不同。有些人或許無疑對此宣稱表示不同意，不過這點只能顯示出，什麼是可以或不可以被充分理解爲愛的理由，部分地定義了愛的概念。

從心上人的觀點來看呢？性別在此變得很重要。一個女人可能非常在意自己不是因爲美貌而被愛。「願她獲得美貌，」葉慈在〈爲女兒禱告〉中如此說：

……但又不可以
美得讓陌生人一看就痴迷，

2 譯註：這裡是在諧擬奧賽羅對自己的評價：「愛得不智，卻又太深。」（one that loved not wisely, but too well.）

或讓她在鏡子前迷醉，因為這樣，
她若是長得太過漂亮，
會以為美貌就夠了……

關於難以超越外表的困境，凱瑞的故事〈機運〉中有非常生動的刻畫。故事主角的美麗愛人是個狂熱平等主義組織的成員。她無視主角的懇求，堅持接受一場隨機的身體改造手術。等她再次出現時，容貌變得醜陋，主角便發現自己無法繼續愛她了。

理由的運作方式

我們不只在討論採取行動的理由，還有產生特定感受的理由，不過兩種情況的運作方式可能相當不同。一般而言，行動的理由可以用來支持採取這項行動的決定，但我們很少停下來思考該對眼前處境產生什麼感受。為一份感受找理由很常是後見之明，我們只是挑出某個「應該沒錯」的原因。不過有時之所以想召喚出理由，爲的是引發特定感受：「她幫助了你，所以你該心存感激。」嗚呼，想試著排練個理由，卻通常毫無效果。(「我同意我該心存感激、或者憤怒，又或者羞恥——事實上卻一點感覺也沒有。」)

愛絕對不只是一種情緒，它會帶來一些獨特的感受，而那些感受不是任何人想有就能有的。當一個人強烈感覺自己擁有去愛的理由時，無法實踐那份愛可以相當痛苦難耐。反過來說，若是懷抱愛的感受卻又覺得有不該去愛的理由，這情況可能令人難堪——或令人爲難。這種情況在所難免，不過不去愛的理由通常比想去愛的理由更有說服力：比如發現你的愛人是個變態殺人魔，或者音樂品味極爲粗俗，那麼，你一開始因爲假想對方擁有某些美德而燃起的愛火很可能熄滅。

總結來說，「愛的理由」的角色定位令人迷惘。爲了能有多一些理解，我們從三個角度來思考這個問題會有些幫助：陷入愛情的人、客觀的觀察者，還有心上人。

身爲陷入愛情的人，讓你產生愛意的理由會在你心中累積出許多思緒及畫面，並在你想起心上人時爲你帶來無比的快樂。那些畫面在你腦中一幕幕閃現，其中描繪的正是導致並維繫你此刻愛意的某個瞬間或對方的某些特質，此外，你通常會感覺這些原因將你的感受充分地合理化：「她眞美、眞活潑、眞聰慧。還有，噢！還有她笑的樣子！（尤其是因爲我的笑話而笑的時候）」

但這些都能算是理由嗎？如果是，這些理由應該足以讓任何人動心。因爲理由的本質就是要能普遍地適用在所有地方：你的理由就是任何人的理由，任何身處相同情況的人都是如此。限定詞（你的、我的、他的）是必要的，但卻削弱了理由必須具有的普遍性強度：因爲情況永遠不可能相同。不過普遍性並沒有失去所有的力量，其情況只需要條件在意義重大的面向相同即可。這就帶來了挑戰：因爲如果你的反應跟我不同，那麼我們兩人都應該解釋彼此之間的某些重大差異。

局外觀察者可能會敏銳地發現愛情發生的原因，反而是陷入愛情的人永遠看不清楚。這類原因可能會由小說家描繪出來、由精神分析學家推導出來，又或者是由實驗心理學家直接展演出來。這類局外觀察者或許都能看出，陷入愛情之人所提供的理由，不過是合理化自身想法的辯解。

心上人的觀點又是什麼呢？若被問及爲什麼想被愛，一個常見的答案是：「我想因爲『我是我』而被愛。」這個答案可以用兩種方法解釋。其一可以代表我想要「因爲我這個人」而被愛，而且是無條件地被愛，其中隱含的意思是就算你改變了，愛人對你的態度也不會變：「愛不算是愛／如果遭逢變化時就隨之變心」（莎士比亞十四行詩第一百一十六首）。至於另一種解釋則認爲，所謂「因爲我這個人」指的是我在自我認同中最必要的特質。若是如此，「愛永恆不變」就不是必然得遵從的規律，而是取決於那些關鍵的必要特質是否仍然存在。根據這項重要論點，你、你的愛人，和認定你的自我形象認知不過是自我欺騙的客觀觀察者之間，很可能會出現意見不同的現象。而在決定你最關鍵必要的本質時，誰的意見擁有最權威的地位？

爲了更理解這個問題，我們需要注意我們使用「愛」這個字時會面對的兩項事實。首先，關於一個人的自我認同其實有兩種思考方式：一種是就「那個人而言——無論她實際上是什麼樣子」，又或者是作爲特定種類的人而言（比如「大男人又流氓氣」、「聰慧又活潑」）。第二項事實是：我們認定爲愛的合宜理由，會影響我們如何去理解愛的本質。

要好好解釋這兩項事實的重要性會有點複雜，我也因此必須解釋一些哲學術語。所以把安全帶繫好吧！如果你願意對我有點耐心，讓我們展開這趟釐清之旅。

愛就跟信念、渴望，還有像是憤怒和恐懼的情緒一樣，是一種**意向狀態**（intentional state）（這是第一個學術詞彙）。意向狀態跟某項事物**有關**。（那個「事物」可能存在也可能不存在：你可以對眞實的人以及獨角獸都抱持信念或產生情緒。）我會將意向狀態（包括愛）稱爲**態度**。而這種態度可以擁有不同種類的「對象」。

一般來說，信念和渴望跟事態或「命題」（proposition）有關，這類命題通常會以「that」開頭的子句來表達。這些子句提供了那些態度的**命題對象**（propositional object）（這是第二個學術詞彙）。有些態度擁有命題對象，像是害怕或喜愛

（「我害怕我的老闆會發現我在工作時睡覺」、「我眞的很愛她穿普拉達」），不過這些態度也可能直接擁有一個對象（「我害怕我老闆」、「我愛祖萊卡」）。此處的老闆或另一半是意向狀態的**目標**（target）（這是第三個學術詞彙）。

投注於目標的態度可能會因爲程度的過多或過少而顯得不合宜。比如看到大峽谷時感到讚嘆是合宜的，但花很多時間去思考牙線棒有多了不起就沒那麼合宜了。當態度中的**要點**（point）獲得滿足，那個態度就是合宜的。舉例來說，信念的要點就是**真實**。意思是說，信念只有在面對一個眞實命題時才會是合宜的態度，虛假的命題則否。如果被問到爲何相信某事，你可以說：「因爲那是眞的。」這種回答沒有提供任何資訊，但確實指出了信念的要點。類似的情況是，若被問到「爲何你對那個產生渴望？」時，回答「因爲那個很好」雖然正確卻也無關緊要，畢竟渴望的要點本來就是要追求好的事物。就像「爲什麼你會對那個感到害怕？」的答案可以是「因爲那個很危險」。此外，危險動物的現身也可以是你產生恐懼的「原因」。其他態度皆同理可證。

究竟是目標的哪個特點讓你產生了相應態度呢？這裡就稱之爲目標的焦

點特質（focal property）吧，或者直接稱爲**焦點**（focus）（這是我們的最後一個學術詞彙了）。目標可以是純粹想像出來的對象，比如任何人都可以仰慕不存在的神。焦點當然也可以是幻想出來的：任何人都可以害怕其實根本不危險的事物。就此而言，原因並不在於目標或焦點，而在於你自己。你的態度確實是眞實的，但無法被合理化，因其並非源自目標的焦點特質。若要讓一個態度變得合宜，目標的焦點特質就必須符合態度的要點。

這一切顯得有點複雜，但若運用在實例上，應該可以讓我們清楚看出如何判斷一個態度是否合宜。假設你被一隻狗嚇壞了，因爲牠有狂犬病。在此，狗是目標，牠的疾病是你投射恐懼的焦點，但或許牠根本沒有狂犬病，而你的恐懼只是因爲上次遇到狗時不走運所衍生的恐懼症（phobia）。若是這種情況，狗仍然是你恐懼的**目標**，但卻缺少了符合恐懼**要點**的**焦點特質**，因此你的恐懼並沒有**正當**理由。我們也能針對怒氣說出類似的故事：怒氣的焦點在於回應他人刻意的羞辱或傷害，所以一個人的怒氣必須要在受到這類攻擊之後才算有正當理由，若只是因爲喝了咖啡而變得易怒則不算。

怎麼樣的態度可以稱爲「愛」呢？若說愛是聚焦於讓人可以去愛的特質，雖然純粹只是廢話卻也沒有說錯。根據《會飲篇》所說，愛是一種專門與美對應的態度。美在因果關係上被認定爲激起愛意的原因，正如狗的狂犬病很可能是原本觸發恐懼的原因。如果你愛一個人，她就是你愛的目標，也意味著她是導致你產生愛意的原因。

所以羅密歐愛茱麗葉（目標）是因爲她的美（焦點特質），而她的美正是她之所以讓人可以去愛（要點）的基礎，也是羅密歐產生愛意感受的原因。但她的美眞的是他產生愛意的原因？也眞的讓他的愛顯得有正當理由？還有其他女孩也很美啊（又或許羅密歐是唯一覺得茱麗葉美的人）。最後我們會發現，關鍵的因果要素或許是茱麗葉跟羅密歐的媽媽很像，又或者是有人在他的飲料裡加入某種愛情魔藥，又或者單純是因爲某種完全沒人意識到的費洛蒙，導致他反射性地受到吸引。所有這一切都被總結爲表1。

終於，我們總算談到之前我說那兩項處理「愛」時必須面對的事實，並明白它們如何可以幫助我們進一步理解，狄奧提瑪古怪的「愛的階梯」在哪裡出了錯。其中一項事實是，我們對於什麼是愛的概念跟愛的焦點緊密相關，以及若真要說，同樣緊密相關的還有什麼能夠將愛變得正當必要或合理化的概念，而這樣的緊密關聯正是能讓人可以去愛的關鍵。就此而言，我們究竟是不是真的愛得有理由，取決於愛的焦點是否真的存在。

另一項事實是，任何態度的目標和焦點之間存在著決定性的差異。若是無法將這個差異區分清楚，就會抵達所謂「愛的階梯」。那個美麗的男孩是目標，男孩的美才是愛人關注的焦點，而此焦點是愛的合宜理由，

表1　對象的分類學

態度	要點	目標	焦點	因果功效
恐懼	危險	（狗）	兇惡、狂犬病	感知到焦點特質；或者是有恐懼症（phobia）傾向之類的。
憤怒	刻意傷害	（人）	羞辱人格	感知到羞辱；或者喝了太多咖啡之類的。
愛	讓人可以去愛的特點	（人）	美麗、溫柔	美麗、溫柔之類的。或者是移情作用；又或者基於無意識記憶、費洛蒙之類的。

因爲美確實是愛的焦點之一。然而狄奧提瑪混淆了這三者，反而將美高舉爲愛的目標，破壞了男孩才是原本目標的事實。

於是，這道階梯爬到一半時，你必須將你的愛延伸到所有一樣美的男孩身上。這眞的有遵循理由的普遍性嗎？如果想將這種多邊戀式的結論斥爲無稽之談，你就得在原本的男孩及所有其他男孩之間找出關鍵差異。或許差異就藏在那個男孩的特質當中，又或者唯一的關鍵差異只在於那個男孩先出現了。若是如此，你就得暫時放棄愛可以被理由合理化的宣稱。僅僅只是搶先出現，或許能解釋愛的存在，但實在算不上什麼愛的理由。

另外兩個探討過的謎團

希臘神話中最忠貞不渝的妻子就是阿爾克墨涅了，她是安菲特律翁的妻子。宙斯之前會爲了滿足肉欲而扮成天鵝、公牛，或金雨去誘惑俗世對象並得逞，但阿爾克墨涅是如此忠誠於丈夫，導致宙斯不管僞裝成什麼都無法誘惑她。宙斯最後的手段是扮成安菲特律翁——貴為天神，宙斯可以讓自己擁有安菲特律翁的所有特質。因此，那天晚上跟阿爾克墨涅做愛的男人，確實擁有所有讓她愛上安菲特律翁的焦點特質。既然如此她又什麼好介意呢？當然，歷史上沒有記載她是否介意，不過在最近足以類比的法庭案例中，有些強暴案中獲勝的女性，面對的就是對方的雙胞胎兄弟憑藉著光線不足的環境縱欲得逞。因此就算擁有正確的焦點特質，宙斯仍不是阿爾克墨涅所愛的目標，所以儘管她表面上同意了，宙斯的行為仍算是強暴。

另一個更令人迷惘的例子是羅斯丹《大鼻子情聖》中的羅克珊。羅克珊認為她愛克里斯徹，不只因為他英俊又勇敢，還因為她誤信了是他寫出那些充滿詩意的機智文字，但其實真正的作者是席拉諾。席拉諾同樣也愛著羅克珊，但他難看的鼻子讓他對於自己的愛意獲得回報不抱任何希望。多年後，在克里斯徹死於戰爭很久之後，羅克珊仍堅信就算克里斯徹很醜，她也會因為他的詩意機智而愛上他。

真相終於大白之際，我們該說羅克珊從頭到尾真正愛的是席拉諾嗎？這個問題的困難之處在於，潛在目標其實有兩個，而且有兩組焦點特質。席拉諾的機智是她愛意的焦點及原因，但克里斯徹的外表和勇敢同樣有所貢獻。羅克珊親吻、結婚，並哀悼失去的對象是克里斯徹，雖然他缺乏了她認定爲自身愛意基礎的焦點特質。儘管一切的開端是場騙局，現在要改變愛的目標也已經太遲了。說不定她原本眞的可能會愛上席拉諾（儘管她對這點的看法不見得正確）；但就現況而言，她愛的是克里斯徹。

這些例子帶來的教訓是：愛的目標是一個特定個體，而不只是隨便一個剛好擁有正確特質的人，就算完全不擁有正確特質也可能無妨。一旦目標已選定，只有那個確實存在的個體與正確特質的相似度才稱得上有意義。愛的目標**不可替換**（non-fungible）。（五英鎊鈔票這種物件才「可替換」，因爲只要是等値物件——任何一組加起來只要有五英鎊的鈔票——就可以用來替換。）在許多人際關係中，包括某些性關係，人都擁有一定程度的可替換性質，只要他們符合參與者所需的特定角色。舉例來說，當一個理性的人打算安排一樁婚事，或者打算登廣告尋找「郵購」伴侶時，一定會和可能對象溝通一長串的需求。那些需求可能很嚴苛，但原則上會有一定數量的人符合需求。

相對來說，無論我們如何詳盡說明所需特質，愛的目標並不是某個種類的人，而是一個沒有其他人能取代的特定個體。只有當一個對象存在時，他才能成爲愛的對象。「我談戀愛了，但不知道跟誰。」說這種話毫無道理可言。愛的目標一旦確定了就不可替換。喪偶的人會再婚，會再愛上別人，但不代表取代他們原本的愛的，是同樣的愛，只是原本的人離開了，另一個人又出現在這個位置上。你可能愛上好幾個人，同時或陸續愛上都無妨，但每個人都無從取代。

不過，愛的目標一開始是如何確立的呢？以上這一切都無法爲我們提供任何線索。一個人說到底是否可能搞錯愛的目標呢？佛洛伊德認爲有可能。他的好幾位病患曾宣稱愛上了他，但由於他的治療技巧就是一直坐著，而且大多時候都在病患的視線範圍外保持著沉默，佛洛伊德因此推論，這種「愛」的目標不可能眞的是他。他推測那是一種幻覺，是病患對人生早期某個眞實的重要人物所做過的反應，只是現在透過「移情作用」轉移到精神分析師身上。他也進一步提問：會不會所有愛情都可能來自嬰孩時期的依附，藉著移情作用而來？這個想法轉化為一種大家琅琅上口的陳腔濫調：所有男人都是跟他們的母親結婚，而所有女人都是跟她們的父親結婚。這就是為什麼第二任配偶常看起來跟第一任很像。

移情作用只是在愛人意識中不被認定為理由的因果功效之一，另外無疑還有其他許多影響元素。比如你的基因和許多遭遇過（但忘了）的事件，都制約了你會關注、因為匱缺而想要、喜歡，或者發現自己（用那個生動有力的說法）陷入愛情的人事物範圍。

一個政治性的面向

有些謎團可以藉由區分不同種類的對象來消除。不過因為合宜的愛的焦點而產生的焦慮仍然存在，而且可以是非常切身相關、甚至攸關政治的問題。

我們已經明白，儘管大家都說愛是一種雙重盲目——對心上人的缺點和其他人的魅力都視而不見——但愛也被描述爲對心上人進行了最清晰而完整的理解。這代表愛人的態度應該聚焦於整個人，其中包含對方複雜的獨特性。一個持懷疑態度的心理學家可能會懷疑這種情況是否可能成立。那些像是莫札特的天才音樂家據說可以在一次意識行爲（act of consciousness）中理解了整首交響曲，但就連莫札特也無法同時照顧到其中每個部分的細節。若要全面地理解一首交響曲——更別說是理解一個人了——代表即便是最微小的細節改變都必須被偵測出來。不過許多非常具可信度的實驗顯示，即便是在非常仔細觀察的狀況下，觀察者也無法注意到眼前場景中出現的重大改變。因此我們可以合理推論，無論你覺得自己正全面地看待某人的感受有多強烈，都不見得是眞實的。

在雙方家族的敵對狀態中，羅密歐和茱麗葉仍爲了對方的燦爛光芒而盲目，但儘管如此，兩人勢必仍是透過了社會環境的稜鏡來看待彼此。在大多數時空環境下，女人的性別角色特別受到侷限。就算女性的身體沒有因爲緊身束腹或綁小腳而實際變形，除了最英勇、超乎尋常的人物之外，大多數女性的人格仍因爲社會規範而受到了象徵層面的傷殘。女性可扮演的角色本質上仍透過和男性之間的關係定義而來，比如愛人、妻子、母親，或者妓女。

我親愛的讀者，你或許有很好的理由去認定這一切與你無關。你可能是個不錯的男人，不但長期以來都理解大男人惺惺作態的幼稚病是怎麼回事，也會把女性視爲平起平坐的對象；當然你也可能是個女人，始終避開傳統性別角色中的依附習慣。然而，並不是所有情侶都能跟你一樣免於異性戀偏見的荼毒。個人的努力無法完全抹消刻板印象的威力。如果我們說羅密歐可以成功地以清晰眼光看待茱麗葉的本質，這句話可能是什麼意思？

如果羅密歐無法一次性地意識到她的所有特質，就只能先別無選擇地聚焦於她自我認同中最爲關鍵的某些特質。但要如何挑選出這些特質？她是決定自身獨特個體性最佳的主導者嗎？一名女性可能本身就困陷於「作爲女性應當如何」的傳統觀點，畢竟她就成長於這個或多或少受限於父權體制的環境。根據研究指出，英國有百分之四十一的女性寧願擁有大胸部而非高智商，可見性別歧視的環境損害了女性對自身潛能的理解。因此，若要因爲她原本的樣子而愛她，愛人的眼光或許需要超越她自身的有限野心。不過當愛人宣稱能比她更看淸她自己之際，這種想要留意連她自己都不認爲擁有的「最佳自我」的努力，難道不是還得再次承擔不尊重她主體性的風險嗎？誰是一個人最眞實自我的主導者？這個問題並沒有一個簡單或普遍的答案。

確立愛的目標

有些人相信能以完美的淸晰觀點去看待心上人，而完全相反的做法就是用最悲觀的心態去看待愛的因果關係：一切都是愛人捏造出來的。有些書寫愛的作家會選擇了這項假說較爲無害的版本——正如之前所說，你的心上人無疑是獨一無二的，而且是因爲你賦予了對方那些讓他顯得可愛的性質。是你直接裁定出了結果，才讓心上人的焦點特質符合愛的焦點。這項策略的問題在於每個人似乎必須要能夠隨心所欲地相信某些事。然而，這種主觀「賦予」的觀點帶有更爲幽微的意涵，不只預設你會假裝心上人毫無缺點，還會讓你針對那些本來中性的特質給予評價。

造就了這段「賦予」過程的可能有兩項心理機制。首先，光是認識本身就會引發喜愛的情緒，而當對方的其他特質都跟他人旗鼓相當時，因認識而產生的親暱更能讓人心生好感。（若這個取徑無法成功，就怪罪對方所有無法跟他人旗鼓相當的特質上。）第二個心理因素是巴夫洛夫式的聯想學習效應。假如你已經受到祖萊卡吸引，能列出一長串她吸引人的特質（而且根據你的理解都符合愛的要點），那也不代表你就是愛她。不過，你仍可能因此更想尋求她的陪伴。到了這時候，透過聯想機制，祖萊卡的胡蘿蔔色頭髮可能觸發原本因為她的魅力而出現的正向感受。就算胡蘿蔔色頭髮之前沒對你造成任何感受，你也可能會無來由地為祖萊卡賦予「胡蘿蔔色頭髮」這個討人喜愛的特質。此時此刻，這可能就會成為你產生愛意的理由，於是每當想起祖萊卡時，這會是讓你愉快的特色之一，只是引發的情緒沒有那麼強烈。

關於**理由**的立論基礎，「賦予」理論不是那麼令人滿意，因為無法解釋為何有些賦予行為比其他賦予行為更有價值。此外，我們究竟何時會擁有為目標的焦點特質賦予價值的**好**理由？

答案可能必須要我們透過另一個全然不同的概念來理解「愛的理由」：這個概念選擇不迴避地去擁抱理由的普遍性——然而似乎正是普遍性這個特質最難全面性地解釋愛當中各種無法預測的變化。根據柏拉圖的看法，所有愛人其實都在追求同等之「美」，而哲學家威勒曼的理論與其遙相呼應，根據他的觀點，心上人激起對方愛意的焦點特質其實都一樣。那個特質就是被愛者自主獨立且理性的意志，而根據康德所言，此意志正是每個人的本質核心。

這個觀點若要成立，我們不只不能混淆眞愛和肉欲，也不能混淆眞愛和導致愛侶對某些人一瞬間湧現柔情、卻對其他人無動於衷的個人癖性。既然我們的核心理性自我都是一樣的，一個人愛的究竟是誰看似全無要緊。而且對心上人而言，此觀點的好處在於你永遠不可能因爲錯誤的理由被愛，因爲舉凡膚淺、不值一提，或微不足道的特點，例如你的黃色頭髮，都不屬於你最核心的自主理性自我。

不幸的是，因爲本質上的理性自我而被愛不太能讓你有萬中選一的感覺。威勒曼煞費苦心地指出，任何人都不可能有時間去將自己懷抱的康德式愛情，也就是類似柏拉圖提出的那種愛情，延伸到每個視線可及的男孩或女孩身上。你的愛意目標並不是因爲獨一無二的特質顯得不同，在象徵你愛情生活那張名額有限的舞伴申請卡上，她就剛好只是當時第一位申請者而已。

這種說法就某方面而言或許沒錯。我們的愛情就跟人生其他事物一樣，是隨機的結果。可是對於想要感覺自己特別的心上人而言，這種說法不太能帶來安慰，當我們想主張愛的背後有其理由，這種辯護也罕見地站不住腳。

再說，此提案無論如何都想相信的普遍性根本無從成立。威勒曼理解愛的方式非常純粹，他認爲所有有理性的人本質上都值得一種尊敬，而愛是這種尊敬的昇華。於是，愛的目標是所有人類都擁有的理性核心，這是一種相當世故的態度。我們幾乎無法期待嬰兒或有嚴重智能障礙的人有辦法對另一個理性存在報以尊敬態度（又或者其他任何特定態度）。不過嬰兒和智能障礙者想必也可以去愛。確實，我們已經有理由去相信，愛的心理源頭是正常人類在嬰兒時期所獲得的依附情感。

若要討論是什麼使一個人成爲愛的目標，我們需要不同取徑來處理這個問題。與其強調理由的普遍性，另一個全然不同的策略是延伸**特質**這個概念。更廣泛來說，或許每個人都憑藉著一個獨特的特質而顯得獨特。有兩種方式可以達成這個效果，而兩者都有些棘手。

首先是假設**做自己**（being oneself）本身就是一種特質，我們稱此爲自身性（ipseity，這個字彙源自於「ipse」，是拉丁文中「他自己」的意思）。只有蘇格拉底是蘇格拉底。只有你是你。就此觀點而言，所有人本質上之所以和其他人不同，並非憑藉著任何一組特質，而只是因爲這個人是他自己，不是任何其他人。就跟康德式的核心論一樣，這項特質也具有普遍性，但相對於所有人都一樣的理性自我，每個自身性都具有無從化約的差異。這個無法化約的自己，就是任何人被獨一無二地辨識爲「愛的目標」的焦點特質。

不過正如威勒曼所指出，若有人認爲自身性足以解釋人們如何選擇愛的對象，那傢伙可說是思想上的英豪，但實際上滑稽可笑。（我偷偷跟你說，親愛的讀者，機巧的哲學家通常都是這樣的。）因爲就算聲稱你的自身性和我的自身性不同，也完全無法解釋我們之間的差異性所代表的意涵。

歷史性

第二個提案的前景較爲看好，此提案將「特質」的概念以令人意外的方式稍微進行了改良。有些女性主義者將愛貶爲一場殘酷的騙局，因爲沒有任何一個愛人有能耐克服「物化」女性的傾向，而這種傾向會導致女性令人渴望的程度取決於扮演往往順服的傳統角色的程度而定。然而，如果一對愛侶基於各自眞正的個體性協力建構出一個全新故事，或許就有機會克服那些性別刻板印象。與其聚焦於每個人必須在對方身上解謎之後才能鎖定的本質性自我認同，這樣做更能夠形塑出獨一無二的關係，而且雙方都各自有所貢獻。事實上，這可能才是大家長期渴望卻又難以描述的關係，而且我們可能會發現，這種關係完全可以透過務實、平凡的日常參與構築而成。

當愛侶開始這麼做時，他們開始建構出一種彰顯愛侶獨特性的穩定且有效的取徑，並將那份獨特性扎根於雙方共同譜寫的歷史之上。這就是愛的「歷史性」。正如以自身性爲基礎的取徑，這種做法的前提假設愛人和心上人都是經歷時間考驗的特定個體。不過，自身性只是一種訂製品，是人為創造出來的特質。

相反地，歷史性奠基於每個特定事物穿越時空的路徑所擁有的實際獨特性。這類路徑（兩條或多條）的交纏同時建構出了愛情關係的原因和結果。於是，共同回憶成為了關係的原因，而關係也進一步推動了兩人共同計畫的未來。相對於找出足以讓每個愛人獨一無二的關鍵特質，這是一個牽涉到雙方的動態進程。這段進程獨一無二，因為就實務上來說（儘管邏輯上並非如此），一個人和A共享的人生事件，不可能跟和B共享的完全相同。在兩人彼此交纏的雙股精密結構中，一定有些什麼會讓這兩段交纏關係出現差異。就算從外界看來難以區別，對其中伴侶造成的影響也不可能相同，因為對關係中的任何一位伴侶而言，兩段關係有先來後到的差別，但這種先來後到不可能對任何關係中的兩人同時成立。

歷史性能幫助我們解釋為何安菲特律翁才是阿爾克墨涅愛的目標。儘管宙斯在那一晚動用了安菲特律翁所有的外顯特質，他卻沒有這對愛侶共享的回憶，也沒有身處在兩人的未來計畫中。我們也能在席拉諾的例子中明白，機智和詩意雖然迷住了羅克珊，其重要性卻無法超越她和克里斯徹共享的歷史。儘管現在她和席拉諾共享的歷史比克里斯徹長很多了，這仍不是同一段歷史。對現在的她來說，要轉換愛的目標已經太遲了。

歷史性透過三種方式產生獨特性。首先，只有你們兩人擁有共享各種活動的特定歷史，你們一起撐過苦難、交換想法，這一切都會讓你們繼續這段故事的渴望更爲茁壯。其次，那些你們一起參與的計畫必然讓沒有參與的人成爲局外人。第三，這也是最接近阿里斯托芬神話所召喚的隱喻：每個人基於天生的品味、偏好、回憶及聯想習慣，在面對心上人不同於其他人的個人癖性、以及表現堅強和脆弱的習慣模式時，剛好都會難以解釋地感到迷人。

這三個層次的動態使一切變得不同。因爲在討論驅使人們去愛的焦點時，如果建構此焦點的特質是一種互動過程，而非從心上人身上直接感知而來，我們將不再能夠認定這項特質需要爲了愛的延續而保持不變。相反地，正是永恆的變動才得以確保愛的延續。

又或者說，永恆的變動是確保愛情延續的唯一可能。畢竟這樣的動態互動雖然可能導致愛的消解，也可能導致愛的延續。爲心上人的不可替代性做出解釋並不能保證愛的存續。

歷史性這個看法有個內容發展豐富的變體，而爲此變體辯護的哲學家是柯拉尼。他認爲愛的目標不只一個，而是兩個。（他將這兩個目標稱爲「焦點」〔foci，focus的複數〕，但爲了避免名詞混淆，我仍會沿用之前的用詞。）第一個是心上人，第二個是關係。根據他的觀點，關係的存在本身就是愛的理由。若延續我之前的用詞，我們可以將關係的本質描述成一種過程，其中形塑出定義「愛的種類」的焦點特質。歷史性的角色不只侷限於肉欲愛，也可能是針對家長、女兒或朋友的愛。柯拉尼在每個不同案例中指出，關係本身帶有的力量比關係所體現的獨特因果歷史（causal history）更爲強大。一段關係不只是一連串的事實和事件，也是一種規範性框架（normative framework）。因此，關係不只會創造出愛的理由，還有形式上適合這段關係的「愛的責任」。

根據此觀點，關係會創造出愛的責任。香帕涅伯爵夫人或許會對此表示抗議，指出這種責任只能要求人表現出特定的行爲而非感情。然而，我們已經明白了她的觀點過於簡化的理由。就跟信念類似，我們知道人們有一些方法，能爲無法任意決定要不要做的事負起責任。一旦「相信」了，我們就可以在顧及證據的情況下避免驟下結論。於是在愛情中，就算是在無法強行召喚出情感的情況下，我們也能運用意志讓自己做出表達愛意的舉動，而這些舉動很可能回過頭來滋養愛的感受。

在關係由雙方參與的過程中，正如歷史性的擁護者所樂見的，我們做出的許多事都能影響我們的感受。愛很可能因爲你們培養出關愛彼此的習慣、懂得向伴侶坦露脆弱，還有一起努力及玩樂的過程而受到強化。愛侶需要爲此付出的行爲不見得總是成功有效，但仍可以選擇去做；那些行爲在受愛驅策的同時其實也能強化愛的感受。

要注意的是，這種動態參與的過程並不預設關係的排他或持久。我們之間的種種就算始終沒有他人參與，愛情仍可能會改變；你我之間擁有的一切也不必然代表你和他人之間不會發生些什麼。此處用來象徵的不再是一個恆久不變的核心自我，而是一條或多條由細繩交纏形成的長索，其中沒有任何一條細繩需要從長索的開頭延伸至結尾。

可是這些都可以提供愛的理由嗎？愛人和心上人或許會覺得可以：「我愛他是因為他很殷勤、心胸開放、認真經營關係……」、「我們一起經歷了許多冒險……」、「我們的愛會在我們一起成長的過程中滋長……」這類理由宣稱動用了顯而易見的深刻事實，而正是這類事實定義出了最適合我們人類天性的各種關係。不過正因如此，這種理由無法擺脫意識形態。任何特定關係所衍生出的愛情羈絆都具有文化上的不同面貌。

這點最能從判定何謂亂倫的規則看出來。對生物學家來說，親屬關係取決於雙方共享基因的比例。對人類學家來說，親屬關係是由社會慣例建構而來，而社會慣例的力量有很大一部分源自於創世神話。童年時的親近相處可能會促進或阻撓性欲或其他形式的愛意滋生。在與我們相近的文化中，無論兩個一起長大的孩子是否有血緣關係，童年時期的親近相處都非常有效地抑制了性吸引力和痴戀的發生。至於在其他地方，像是古埃及和波斯的某些文化中，人們似乎鼓勵手足之間戀愛及結婚。愛的「歷史性」比愛人之間的歷史還要牽涉廣泛：不只包含了愛侶間的糾葛，還包括了歷史上各種不同規範、性別角色，以及傳統禁忌所主宰的抽象限制。

一段關係若要存在，必須先有個開端，但如果要問究竟是如何展開的，我們就不能再訴諸歷史性。因爲如果愛是歷史性的，根據定義就不會有一見鍾情這回事，然而這種現象很常出現。一見鍾情不可能有理由可言，但可以有原因。我們預想中的那種理由之後才會透過合理化的過程出現。眞正的原因——無論是取決於費洛蒙、因爲過往回憶產生的聯想，或任何其他原因——總之不是意識有辦法觸及的。

在《仲夏夜之夢》中，提泰妮亞的故事爲這種突然展開的愛提供了最佳範本。這種仰賴化學物質的決定論不但可以解釋每個生命的誕生，也能說明每一場痴戀的開端。差別只在於無論是由家庭關係施展的愛之魔咒，還是痴戀愛人內心瞬間對未來滿溢的渴盼，都不像奧伯隆的魔咒一樣容易解開。

再論愛與美

我在本章的一開始簡單比較了愛的好理由和壞理由，以及美的判斷的好理由和壞理由。長久以來，美總是讓人可以去愛的其中一種特質。除此之外，愛與美之間有件事總是一樣：就算是好理由也永遠不夠好。在稱讚一幅畫時，評論家可能會引用激情的色調、優雅的線條，或者構圖的均衡，來證明自己的論點。不過永遠可能存在擁有同樣特徵、卻沒那麼好的另一幅畫作。如果理由就定義而言具有普遍性，怎麼有人能聲稱這些特徵是可以成立的理由？

不過有人解決了這個問題。這個人是藝術哲學家伊森伯格。（這情況實在少見：竟然有哲學家眞的解決了一個問題！）爲了在理由的普遍性及其不可能爲美學判斷提供充分必要理由的處境之間尋求折衷方案，伊森伯格表示，我們只需要注意理由的語言在此運作的方式並不相同。若是在其他領域（比如科學、數學，或甚至政治學），理由所點出的特徵才足以建構出最終結論的基礎。

相反地，在藝術評論領域，當你提及某些特徵時，不必然代表你在描述一個足以證明作品夠「美」的特質。這些特徵反而是用來引導觀者的注意力，藉此讓觀者以訴說者的方式來看待這幅畫。如果這個做法成功了，觀者就有辦法獲得這幅畫之所以美的普世化理由。藍色蜿蜒的線條或「美的線條」無法證明一幅畫很美，但如果注意到了這個特徵，你就會明白為何畫作整體**看起來像是這樣的部分讓你覺得很美**。

另外有件類似的事在所謂「愛的理由」中也能成立。既然歷史性的解方本質上奠基於關係，想讓他人用你看待心上人的方式去看待對方是沒有任何意義的。因為對關係中的個體而言，到頭來，這種歷史性的複雜理由就跟被我斥為無關緊要的自身性形式沒兩樣。此外，儘管這種「理由」可能牽涉道德或美學上有價值的特質，試圖論證其價值並沒有用處。因為這些特質只可能透過之前描述的全景式視角來理解，而終究只有當事人得以採取這種視角。

因此我得出了一個結論，愛不是源自理由、美德，或者康德的核心理性。大多情況下，愛就是機運的結果。其中包括親近相處、熟識程度、雙方的費洛蒙是否合拍，以及基因的影響，另外還有品味、移情效應和習慣所帶來的意外效果。

就算是這樣也沒什麼不好。

第五章　科學

親吻……在許多民族的性領域備受推崇，儘管其牽涉到的身體部位完全不屬於性器官，而是消化道的入口。

（佛洛伊德）

詩歌、藝術和文學嘗試傳達——或至少爲那些有能力辨認的人召喚出——愛的興奮及痛苦感受。他們會使用浮誇的比喻：「你就像鑽進了我的身體」、「你是我的一部分」、「我們合而爲一」、「我的心活在你胸口，一如你活在我這」。科學家冷眼旁觀，小心翼翼不受到可能全爲幻覺的一切吞噬。

科學首先就是要將愛變得陌生。正如引言中佛洛伊德那段話無意間展示出來的樣貌，抽離（estrangement）也能帶來喜劇效果。如果愛人的精神就是繼承無窮無盡的磨難，消化、排泄和生殖道的生物拓樸學特點則能提供喜劇式的慰藉。大家通常覺得科學家談愛就算不至於絕對是種冒犯，也彷彿是件喜劇般不合宜的事。美國參議員普羅克斯邁爾某次嘲笑一份有關愛的科學研究，他表示，「我們最不想知道的事情，莫過於一個男人爲何愛上一個女人，反之亦然。」

這種拒絕獲得科學知識的迴避態度令人困惑，而且適用於人們認爲最有價值的每個領域：藝術、宗教、道德，還有愛。大家擔心愈是解釋愈會讓我們遠離討論的主題，也害怕科學解釋會讓我們發現自己最珍視的價值其實只是幻覺。因此隨之出現的抱怨是這樣：無論是有獲得關愛的絕妙感受、受愛驅策的英勇行徑，還是愛有時足以成爲我們終生快樂源頭的可能性，都怎麼可以被「化約」爲有關大腦迴路或神經傳導物質的科學事實呢？

「化約論」（reductionism）帶來的陰霾已經不是新議題了。濟慈是一位書寫愛與狂喜的詩人，據稱他曾譴責牛頓針對光的稜鏡性質提出的發現，因爲他認爲那樣做等於是「拆解了彩虹」。就跟此後許多其他人一樣，濟慈似乎認爲理解一個現象就像是搞懂了魔術背後的手法，人們一旦知道了，吸引人的魔法就消失了。但反過來想不是更吸引人嗎？爲什麼更多的知識代表更少的快樂？一旦你知道了彩虹的起源，比起之前所知的一件事，你現在有兩件事可以享受了：首先是不同顏色的光線構成白光、還有雨滴足以將這些光線折射開來的驚人力量；其次，有個尚未獲得解答的問題仍讓人著迷——這種光的物理性質究竟要如何解釋我們看到時的感受？

正如彩虹的美不會被解釋彩虹的物理法則所糟蹋一樣，就算針對我們作爲演化動物及社會人（social being）的天性會如何判斷美的源頭去進行分析，心上人的美也不會因此受到一點玷汙。腦內的化學物質運作讓人類擁有各種力量，而這段過程只會增加我們得以讚嘆的人世奧妙。現在你可以深思的不只有心上人多麼美的奇妙事實，還有這樣的美是以多麼令人讚嘆的方式出現。

這種回應或許不太能說服人，畢竟很少有人會宣稱彩虹的美會因爲人們選擇去理解而遭到摧毀。愛的情況就跟我們討論道德良善的標準一樣，你可能更不樂意接受你所推崇的特質或打從心底珍視的價值全憑物理或生物機制而存在。若我們的崇敬只是心理構成的投射，源頭爲某種神經機制，此機制還是透過不涉及人心的天擇所形塑而成，我們所愛的事物感覺就不那麼有價值了。

不過，只要想起沒有任何學說足以捕捉我們的思想或想知道的一切，這種價值受到破壞的感受至少能稍獲緩解。將複雜現象「化約」爲簡單法則是科學的一般性目標。舉例來說，所有化學物質反應可以完全用物理法則來解釋，因爲正是這些物理法則主宰了粒子形成化學物質的過程。不過就算是相信愛可以被化約成化學的憤世嫉俗者，也不代表他所謂的「化約」是將化學化約成物理學的意思。

儘管生物機制是化學及物理作用的結果，爲了解釋這些機制爲何一開始存在，以及這些機制在生命中扮演的角色，我們仍需要其他觀點的加入。這時就需要討論到演化論、人類學、心理學、社會學——其中沒有任何一項會被化約爲化學或物理學。所以，認定透過科學去檢視愛就會將其「化約」爲「只是物理過程」，純粹是誤導人的想法。沒有任何優秀的科學家會輕率地宣稱可以透過大腦的潛在狀態，全面性地解釋所有感受及經驗中的微妙差異。至少目前還沒有人這麼做過。

不過正如生理學知識可以在我們規畫運動行程時有所幫助，若是知道愛在大腦中運作的相關知識，或許也能幫助我們管理愛情生活。在詳細闡明產生愛的幸福及痛苦感受的大腦狀態之後，我們或許更能懂得如何緩解痛苦及增強幸福的感受。

愛的採集

科學提供人們許多觀點及方法，有簡單至單純蒐集毫無關聯的觀察，也有複雜至透過統一觀點詳細闡述的解釋性理論。將各種觀察蒐集起來是展開研究的好方法，此書直到目前爲止所做的也大多只是採集工作。許多人在觀察後嘗試的第二個步驟，是將蒐集來的材料分門別類。這不總是個容易的工作，因爲這些材料往往性質迴異，又或者充滿前後矛盾的描述。於是第三個步驟就是建構出足以解釋潛在機制的理論，並針對顯而易見的矛盾做出妥協。

若要蒐集對愛的觀察，最容易想到的就是文學作品，我們會在文學中發現許多幽微、動人的啟示，此外還有一大堆陳腔濫調。哲學家傾向將這些陳腔濫調提升至規範性定義（normative definition）的地位——意思是，這些定義不是要告訴你一個字詞的意思，而是它應該代表的意思。

舉例來說，在第二章中，我們處理了從阿里斯托芬神話衍生出的觀察：「愛是渴望和心上人結合。」我大膽猜測，你，親愛的讀者，大概跟我一樣不知道這話可能是什麼意思。性是可能的答案，但性結合不一定需要愛，所以性幾乎無法成爲愛的決定性特徵。偏執跟蹤狂也可能擁有想要結合的渴望，但當然跟原本我們要談的意思很不一樣。這裡愛人所渴盼的結合會不會和對方的所有想法一致呢？比如對方才剛開口你就知道他要講什麼？又或者是對同樣的音樂產生共鳴？愛人想一起感到快樂的激烈渴望很常見，想共度苦難的渴望也只略遜一籌。不過，愛人渴盼的「結合」或許只是對彼此抱持的妄想：他們妄想擁有共同意識。

未來有一天，科技或許眞能讓我們共享體驗。沃爾維克是一位英國工程師，他透過裝設電極，將妻子神經系統的訊號透過網路傳遞到自己的神經系統中，因此成功接收到妻子的感知。不過對我們大多數人來說，所謂「結合」需要親近的相處及持續保持親密。不過仍有些愛侶的例子指出——我立刻想到的是威爾第歌劇《茶花女》中的薇奧莉塔——這些人的愛是透過離開愛人來表現。比如薇奧莉塔離開愛人完全就是因爲愛他。如果眞愛是渴求結合，這段情節便顯得毫無道理。

那麼或許，正是薇奧莉塔動機中的利他主義，更精確地捕捉到了愛的本質。正如我們之前所理解，利他主義的兩難會讓純粹的利他主義者爲難，不過前提是要眞能找到這種人。然而，如果爲了避免衝突，你是眞心決定不求回報地讓心上人的利益淩駕於自身之上，那就不會導致兩難困境發生。這樣的雙方協商結果完全是一面倒，但聽起來確實像是眞愛。

可是如果你的心上人有厭食症或者自殺傾向呢？你在將對方的渴望完全接收爲自身渴望之後，難道該鼓勵她自我毀滅嗎？在愛她的前提下，難道你不該將她的利益放在她很可能並不正確的渴望之上嗎？這又再次讓我們想提出那個問題：誰是我們眞實渴望的權威？是否存在足以明確回答這個問題的

愛的類型學

或許答案很簡單，就是必須依現實情況而定。世間存在不同種類的愛，也存在不同類型的愛人。愛的類型學或許能幫我們釐清這一切。目前已有許多愛的類型學，我會舉出兩個例子。這兩者都可以是很有趣的聚會遊戲，而且可以提供慰藉，因爲一旦塡好正確的問卷，你就能明確知道自己是哪種類型的愛人。

李約翰是一名社會學家，他指出我們的愛可以區分出六種基本風格，或所謂「愛的顏色」。他的這些風格可以彼此混搭，正如顏色可以用不同比例混出新色；這種做法可以生產出永無止盡且更爲細緻的差異。在李約翰提出的六種風格中，「agape」和「pragma」跟我們此處要討論的肉欲愛關聯甚小。「agape」是對所有人無差別的利他主義情懷，跟性欲完全無關；「pragma」有可能牽涉到性，但主要算計的是關係中的利益，而比較不在意情感連結。至於「storge」，細心的讀者會記得，那是一種彼此陪伴的情感，可以出現在肉欲愛之中，也可以跟肉欲愛毫無關聯。再來剩下的就是「eros」，這是人們會陷入的那種愛情，有時甚至是「一見鍾情」。李約翰使用「eros」這個字來指稱的那種愛是會將目標放進原本就存在的理想模型中。這種愛的變體包括焦慮又充滿掌控欲的「mania」，也就是我之前所稱的「痴戀」。另外能用來指稱的還有「ludus」——這個拉丁字的意思是運動或遊戲。對懷抱「ludus」的愛人而言，愛就是一種遊戲。

史騰伯格是一位美國心理學家，他提出了愛的「三角模型」，其中的三個基本元素可以各自和其他元素以不同比例混搭。三角形的三個端點被命名爲「親密」、「激情」和「認定／承諾」，各自由一組更爲精確的感受、渴望，和行爲所構成。「親密」包含了親近的感受、在意對方福祉，想與對方分享想法、感受，並共同參與各種活動的渴望。擁有這個特點的愛人會強烈主張以下宣言：「我和＿＿＿擁有一段彼此理解的關係……」

「激情」指的是激烈且全神貫注地關注著愛的對象，其中包含性吸引力以及強烈渴求身體接觸與精神連結。在這個特點獲得高分的人會強烈支持這類意見：「我無法想像有任何其他人能讓我如此快樂」，又或者是「我們關係中有些幾乎像是魔法般的元素」。

「認定／承諾」位於三角形的第三個端點，但令人困惑的是，這個特點由兩個並不等價的項目組成；有時某人可能認定了自己愛上了一個人，卻仍未打算付出承諾。在這個量測中，以下這類宣稱會獲得高分：「我強烈覺得必須為＿＿＿＿負起責任」、「我會陪著＿＿＿＿度過最艱困的日子」，另外還有「我已經認定我愛上了＿＿＿＿」，儘管這類認定不必然代表一段長期關係。

數學上來說，此三元素形成各種組合後會出現八種風格，包括三個元素都沒有的最低等級「無愛」。最高等級的則是三個元素都有的「圓滿的愛」，若能擁有這種愛就太好了。史騰伯格也有為其他組合的愛命名，當中有些愛比其他類型更好辨識。

大部分的人都會認為空洞的愛跟愛沒什麼關係，這種愛就是空有承諾卻缺乏激情和親密。所謂負責任地順從傳統婚姻期待，指的就是這種愛，然而香帕涅伯爵夫人認爲這種狀態根本稱不上愛。至於**喜歡**，是徒有親密但沒有激情和承諾；**迷戀**則是沒有承諾和親密，只有激情。

包含兩種元素的組合共有三種類型：**陪伴的愛**是沒有激情的承諾加上親密；**愚莽的愛**是沒有親密的激情和承諾；最後的**浪漫愛**則是沒有承諾的激情加上親密。浪漫愛之所以比不上最理想的「圓滿的愛」，就是因爲缺少了承諾。至於眞實狀況則會因爲三種元素的比例不同而出現無止盡不同種類樣貌；這樣的類型學——儘管分類所使用的標籤相當抽象——能讓我們在這張分類圖面上幾乎辨識出每個人坐落的相對位置。

在李約翰和史騰伯格的分類當中，他們發現成年人的戀愛風格跟嬰兒時期的**依附風格**（styles of attachment）有關，這個依附理論是由鮑比和安斯沃斯在二十世紀中期時研究提出的。大致來說，這個理論指出成年人的情感風格是透過**範式劇情**（paradigm scenarios）習得而來，一開始人們在童年早期經歷了這類劇情，再於童年及青少年時期進一步形塑而成。在形塑出那些劇情的性格形成時期，嬰孩依照主要照護者對他們的關注程度，透過當時的許多原初經驗學會了回應關注的特有方式。

針對嬰孩和照護者之間的互動進行過詳盡觀察之後，研究者在依附風格的類型學中精煉出三種形態：「安全型」、「焦慮／矛盾型」和「迴避型」。安全型的孩子對照護者的可靠程度很有信心，不害怕去進行各種探索，只偶爾會爲了「添加燃料」而回來與照護者進行近距離接觸。焦慮型的孩子已經了解他們的照護者並非全然可靠，因此無論對於離開或回到他們身邊都展現出矛盾態度。至於迴避型的孩子幾乎總是遭到冷落或排拒，因此習得一種隱忍克制的獨立姿態，藉此來掩飾他們的缺乏安全感及對關愛的過度渴求，又或者直接以此獨立姿態將那些渴求徹底取代掉。

就嬰孩的心理機制而言，遭到照護者拋棄的反應通常是從**抗議**（表現出來的行爲是嘗試尋找、哭泣、拒絕他人的安撫）開始進化，途中經歷**絕望**（表現爲極度的憂傷）後再到**疏離**（當主要照護者回來時採取各種迴避作爲）。這類行爲不停重複後會形成一個模式，此模式不只形塑出嬰孩對照護者的回應所抱持的期待，也會對一個人的自我概念造成影響：她會懷疑自己是否有能力讓他人合適地照顧自己。藉由這樣的過程，一個嬰孩的範式劇情中含括了各種角色的雛型樣貌，包括她在他人生命中扮演的角色，還有他人在自己生命中扮演的角色。

成年人表現出來的依附風格樣態並不難辨識。焦慮／矛盾型的依附風格通常會帶來痴戀的焦慮及極度愉悅，這符合李約翰的「瘋狂愛」以及史騰伯格的「迷戀」和「浪漫愛」。這種風格的主要特徵包括渴望無法實現的結合、更常經歷像是強烈忌妒的極端情緒、更爲焦躁地需要自己的愛獲得回饋，還有無法忍受寂寞。安全型的依附風格則能在成年人的「erotic／storgic」愛情風格中看到，又或者在史騰伯格的「圓滿的愛」或「陪伴的愛」中看見：這類愛情的執念不那麼深，其中更富含友情、親密和信任這類正向情緒。

迴避型依附風格的結果是害怕親密，對於伴侶的信任及缺點接受程度都較低；不過這類人在情感上表現出更爲自給自足的姿態，同時傾向將沒有愛侶的人生視爲想要追求且可以帶來滿足感的選項。根據研究，這三種風格會影響人們維繫生命中最重要關係的時間長短差異，安全型的人平均而言可維持十年，而迴避型及焦慮型則各自只有五年和六年。儘管李和史騰伯格都沒有討論各自分類中主要戀愛風格可維繫的時間長短，愛有可能存續多久卻是個重要問題。

簡而言之，可辨認的愛情風格不只跟個人特質相關，也跟人生極為早期階段形成的範式劇情緊密相連，這類劇情提供了許多足以演出的故事和劇情，而我們會將心上人和自己投射為其中角色。史騰伯格同樣也分類出許多劇情，人們會將自己的人生嵌入其中，且更危險的是，他們還會將別人的人生也放進去。這些劇情包括**幻想**故事、**商業**故事、**恐怖**故事、**幽默**故事、**警察**故事、**蒐藏家**故事，還有許多其他種種。每個故事都由一系列的信念及期待所定義，而這些信念和期待都是關於關係的重要性以及應該如何進行。

幽默故事會逼迫你們看見雙方意見不合中的可笑面向：面對你們爭執中出現的典型陳腔濫調，你應該有辦法拿來開玩笑，而兩人一起發出的笑聲就該是你們的親密基礎。警察故事包括了無止盡的監視，你可能會是執行方或遭遇方，端看你在故事中投射的是哪個角色。其他故事族繁不及備載。當愛侶雙方的範式劇情彼此相容或能夠互補時，兩人可能擁有持久的幸福。不過，既然我們看待關係時採用的是早已堅定不移存在於無意識的範式劇情，那也就很容易理解爲何愛侶吵架時總是如此態度激烈又不具說服力：「你怎麼可能不明白那樣做會傷害到我呢？」、「你怎麼可能會不明白？」其實答案永遠都會是一樣的，只是很少有人明確說出來：「因爲我沒有研究過你的劇本，你也沒有扮演好你在我劇本中分配到的角色。」

大腦的角色呢？

截至目前爲止，本書中所有認定可以用來解釋愛的科學的討論都是奠基於個人經驗的主觀陳述，依附理論甚至還以天擇如何形塑我們的可能推論進行了強化性補充。但隨著腦成像技術的降臨，我們得以窺見大腦內部的奧祕，似乎也因此走上了理解人類心靈的捷徑。這些技術包括腦電圖（Electroencephalography, EEG）、正子斷層造影（Positron Emission Tomography, PET）、腦磁圖（Magnetoencephalography, MEG），和磁振造影（Magnetic Resonance Imaging, MRI），不過四者各有缺點。

就拿其中兩項重要技術來說，腦磁圖的時間解析度（temporal resolution）很好，但空間解析度（spatial resolution）不佳，磁振造影則正好相反。精準程度約要一毫米，才算得上是擁有好的空間解析度。但如果我們沒忘記一立方毫米可能包含一百萬個高度複雜的神經元，而且每個神經元還會跟另外數千個神經元互動，這樣的精準度似乎不怎麼令人讚嘆。此外，腦成像技術並不可靠：在一個惡名昭彰的案例中，磁振造影在死掉的鮭魚身上偵測到了腦部活動。根據估計，在眾多利用腦成像技術發表的研究結果當中，有超過一半——可能高達百分之九十五——後來被證實錯誤。因此，當跟大腦有關的科學新知不斷湧現，採取懷疑態度來應對或許是明智選擇。

儘管如此，有關愛所帶來的幸福及折磨得以成立的獨特基礎，關於情感的科學（affective science）已爲此找到了確切證據。潘克賽普是這個領域的開拓者之一，根據他的研究，這些愛所帶來的感受，每種都反映了一個協調系統的活動，這樣的協調系統包括了各種神經、荷爾蒙及行爲模式，其根源位於大腦的皮質下部分。這些系統的運作是由我們和其他哺乳類共享的基因編碼建構而成，其中牽涉到特定的腦解剖結構、神經迴路，以及荷爾蒙化學反應。

潘克賽普識別出了四個這樣的系統。其中兩個系統跟我們目前的討論有關，一個被他稱爲**期待系統**（seeking system），另一個是**恐慌系統**（panic system）。期待系統會引發喜悅的原始反應，至於恐慌系統這個名字可能會讓人以爲跟恐懼系統有關，然而就這個術語而言，恐慌並不是恐懼的極端表現形式，而是失去依附目標後產生的各種訊號。這個系統一開始由嬰孩時期遭到拋棄的經驗所喚起，讓人產生強烈的沮喪，再觸發大腦迴路中跟身體疼痛有關的活動——這也是爲什麼鎮痛麻醉類的藥物也能緩解遭到排除或被迫分離的痛苦。

不是每個人面對愛時都擁有同樣的體驗。儘管我們的腦跟其他靈長類動物很相似，人類用來理解人生和激情的故事都是透過文字建立而來，而且奠基於複雜的社會學習。一支舞蹈的意義，不能完全透過一位舞者的身體解剖構造來解釋，正如愛情的動力並不能完全透過人類的原始衝動來定義。這也是爲什麼在大腦組織結構普遍相同的前提之下，我們還能獲得如此多樣的愛情故事及相關情節。

如果愛的各種症候群源自舊腦（the old brain）深處，那麼不令人驚訝的是，擁有嬰孩的母親跟陷入愛情的成年人，腦中被活化的區域確實擁有顯著的相似性。曾有研究者使用磁振造影機器比較兩者的腦部活動：一邊是觀看孩子照片的母親，另一邊則是在思念心上人。儘管他們找出了差異之處，過程中牽涉到的重疊大腦區域卻仍值得注意，其中包括富含催產素（oxytocin）及抗利尿激素（vasopressin）受體的區域。那些都是之前發現與「酬賞系統」（reward system）運作有關的神經傳導物質。

正如我們所理解的，酬賞系統一般來說與愉悅有關，功能是增強人們的動力，讓他們去「重複」觸發愉悅的行爲。無論是在愛侶之間或母親與孩子之間，親近及關愛能夠強化彼此之間的情感連結。更具說服力的是，兩種形式的愛都會將跟理性思考及批判性判斷相關的顳葉和前額葉區域去活化。如果我們要從這些發現中推導出任何結論，那就只可能是一種我們早就知道而且很常發生的情況：母親對嬰孩的愛和人類的肉欲愛在某些地方不同，但又在其他地方相同，其中包括很多藥物都會導致的結果：損害我們的判斷力，使我們變得比平常稍微笨一些。

爲了補充腦成像研究的不足，科學家正在探索跟愛有關的化學反應。這部分主要針對幾種與「愛」的感受有關的神經傳導物質，不過也跟人與人之間透過味覺及嗅覺傳遞的分子有關。氣味的角色已遭到香水產業扭曲，特別是這個產業爲了獲利一心想要消滅身體的天然氣味。不過值得玩味的是，氣味在天擇中的重要性獲得了「T恤嗅聞測驗」的證實。在這個測驗中，男性被要求連續兩晚穿同一件T恤，期間禁止使用肥皂和除體味劑，或食用大蒜。之後這些T恤會交給女性受試對象嗅聞。在那些女性沒有服用任何藥物的前提下，她們會偏好那些基因編碼的主要組織相容性複合體（Major histocompatibility complex, MHC）與自己不同的對象。主要組織相容性複合體基因影響生物體區辨「我」及「非我」的能力，連帶影響了我們抵禦傳染性疾病的免疫系統效能。親吻也會提供類似資訊；當初次親吻某人時，你同時也是在判斷，在化學作用方面，對方作爲伴侶是否合適。

或許在得知這些研究結果後，你會開始跟那幾百萬人一樣不安，而且寧可不要知道自己陷入愛情的原因。在得知有關其他動物的研究之後，你可能會更不自在，因爲那些研究遲早都會延伸到人類身上，而且暗示一個人之所以選擇單一配偶或濫交，很可能完全取決於基因帶來的化學作用。

山地田鼠和草原田鼠是關係非常相近的物種，但交配行爲卻極端不同。草原田鼠會在初次交配時形成單偶關係；公草原田鼠會透過舔舐來養育幼體，也會幫忙築巢。山地田鼠則會跟許多個體交配，且公山地田鼠對養育幼體一事毫無貢獻。由於沒有所謂田鼠婚姻法則的存在，這項差異暗示背後存在著單一配偶的化學機制，且掌控這項機制的是一項微小的基因差異，而研究者最後找到的結果也確實是如此。針對草原田鼠值得稱頌的忠誠，科學家不只辨認出導致這項結果的神經傳導物質，也找到了編寫出這些物質的基因。牠們住在山裡的親戚就是缺少這個基因，因此卽便在初次性經驗之後，也沒有受到基因誘導去建立排除其他對象的關係。

牽涉其中的腦部化學反應運作似乎如下。性帶來的獎勵特質跟多巴胺（dopamine）的釋放有關，但要獨立出一個特定伴侶作爲源頭還需要額外的因素。在山地田鼠的例子中，交配應該能帶來獎勵效果，但這種效果並不跟任何特定對象相關。所謂的額外因素似乎是由另外兩種化學物質所貢獻，而這兩者恰好就是我們已知在母親及痴戀愛人身上作用的物質：催產素和抗利尿激素。如果傳遞這兩種物質的反應途徑在草原田鼠體內遭到阻擋，與特定性伴侶建立關係的情況就不會發生。這些化學物質在山地田鼠腦中沒有效用，因爲在相關區域缺乏相應受體。

催產素之前有些惡名遠播的例子，這種物質能在高潮和生產時充滿人類的大腦，若是噴進人的鼻腔內還能促進信任的感受，甚至可以分散男人的注意力，不讓他們受到伴侶以外的女性吸引。當這些化學物質的受體在草原田鼠腦中遭到阻絕，草原田鼠就會表現得像是山地田鼠。令人讚嘆的是，透過操縱山地田鼠體內單一基因的運作，就能讓這些個體變得更可能形成單一配偶的依附行爲。控制大腦中負責調控化學反應路徑的基因表現，就可以讓山地田鼠變成單一配偶的生物，也可以讓草原田鼠變得濫交。

目前為止，我們有了一些有意思的觀察、看似合理的類型學，以及或許會讓人不安的腦科學發現。不過我們仍缺乏一個全面性的系統，用以解釋這一切如何環環相扣。

愛的三種症候群

所有之前提及的研究都假定，愛基本上具有適應性。從演化學的觀點來看，愛跟交配有關，而交配說到底跟基因複製有關。不過這一切跟我們的目標頂多只算是間接相關。基因複製不可能算作愛的理由。就象徵層面而言，那是大自然的一個「目標」──其實也是唯一目標；但大自然的目標並不是我們的目標。

儘管如此，透過提問大自然為了達成「目標」而需要讓我們去做些什麼，就能讓我們對於自身渴望的根源有一些理解。用來確保基因複製的機制多樣化到令人震驚的程度；不過在像我們一樣的動物身上，若想達成高效率的交配行爲就需要完成四項子任務。前三項任務都是交由成年個體執行：眞正的交配（性交媾）、交往（花上數月或數年選擇交配對象），以及交配伴侶之間的合作（下一代需要花多少時間獨立就得花上多少時間）。第四個子任務則是爲了確保無助幼體能跟照護者建立相互付出的情感關係。除了第四個子任務不牽涉到肉欲愛，另外三個子任務都有受到三種愛的症候群影響：肉欲、痴戀，和依附。

愛的心理學家費雪曾大費周章地針對這三種症候群進行研究，她發現每種症候群在運作當下都會各自在四個不同層面展現出獨特模式：（一）引發出不同類型的「愛的體驗」、（二）爲了優化子任務而引發的選擇壓力（selective pressure）、（三）牽涉其中的主要神經傳導物質，以及（四）通常持續的時間長度。

肉欲：（一）由性驅力引發的「愛的體驗」，幾乎是只要遇到同種可交配的對象就會去交配，不然至少也是「半合適」的對象就行。（二）爲了達成目標（或許也爲了不受到狩獵者的驚擾），這種驅力是爲了讓個體立刻進行性交媾而存在。（三）其中最主要的神經傳導物質是雄性激素（androgen，指睪固酮）和雌性激素（oestrogen），不過讓人精力充沛地立即追求目標達成的多巴胺也參與其中。（四）其持續長度以分鐘爲單位計算，頂多以小時計算。

痴戀：（一）我採取了好用且特定的「痴戀」一詞來描述這種「激烈、執著的浪漫愛」，其狀態近似於李約翰的瘋狂-肉體風格（manic-erotic style），或者是史騰伯格的純粹激情風格。這種愛的極端形式很可能打動那些直到成年還維持著焦慮／矛盾依附風格的人，其中包括針對心上人過分的執著及排他情緒、希望對方一直陪在身邊的渴望，此外還會有過度解讀自身愛意獲得回饋或遭拒的跡象，因而出現情緒的嚴重起伏。痴戀常因其毀滅性受到譴責，人們卻仍可以在大部分社會中觀察到此現象。這種愛情形式不帶有性別差異，還可以被視爲具有性別平等作用，因爲經歷痴戀的男人通常會被說是遭到心上人「征服」、「擊敗」或「貶抑」。（二）痴戀的生物功能就是要形成特定伴侶的交配關係。這種功能是透過天擇逐漸打磨而完美成形，並透過專注於單一個體來節省時間和精力。這應該可以解釋為何性和情感的排他性是痴戀中如此突出的特色；相反地，一旦痴戀階段結束後，排他性感覺通常只是一種義務而非偏好。（三）痴戀的引發和潘克賽普的期待系統有關；其中主要的神經傳導物質為兒茶酚胺（catecholamine，包括正腎上腺素〔norepinephrine〕和多巴胺）。（四）其延續長度一般來說以週或月為單位計算——最長可達三到四年。因此，現實中的婚姻或愛情關係最可能在第三、四年結束並非意外。

依附：（一）這種愛的症候群通常跟性有關，但不必然包括性。人們因為跟愛情目標親近而出現的感受通常是舒適、安全、冷靜，而非狂喜或執迷。因此失去心上人所經歷的痛苦（由潘克賽普的恐慌迴路主宰而來）感覺起來通常比擁有對方所獲得的喜悅更激烈。（二）在繁殖方面，依附功能是為了讓這對伴侶待在一起更久，至少要久到後代足以獨立求生為止。確保這個目標達成的機制或許源自確保嬰孩及家長維繫關係的機制。（三）其標誌性的神經傳導物質同樣又是催產素及抗利尿激素。這些化學物質有許多其他功能，不過在決定其他哺乳物種的交配模式時扮演了關鍵角色。（四）依附所維持的長度一般來說沒有限期，這也再次確認了依附是建立於童年習慣的假說，而正是這些童年習慣形成了人們心中的範式劇情或典型愛情故事。因此，依附情感能維持的長度通常被認爲長達數年而非只有數月。在某些案例中，伴侶在痴戀自然結束之後，順利進入依附的持久情感模式，並伴隨偶爾出現的肉欲，這些運氣好的少數因此有幸向人大肆吹噓，表示自己在數十年快樂的婚姻中仍持續享有愛情。

肉欲、痴戀和依附各有其獨特的心理學特徵，牽涉到的腦內化學物質和通常能夠維持的時間長度也各有不同，但總體而言，若要討論此三者在人生規畫中出現的位置，或許有些規畫方式會比其他方式更明智而審慎。姑且不論它們的最佳保存期限各有不同，三者的獨有特質都有可能讓人與另外兩者漸行漸遠。

只有依附可以透過兩人長時間共享的經驗而愈見穩固，藉此形塑出愛的歷史面向；只有痴戀本質上就排除他人，可是即便是陷在痴戀中的人也有辦法愛上別人——孩子、家長、或朋友，只不過是以非痴戀的狀態，只有很罕見的情況才會出現其他愛人。只有肉欲對象具有普遍的可替換性：就自然本能而言，肉欲不帶有排他性的需求。所以，儘管如同大眾未經深究的常識所假定的一樣，愛眞的可以持續一輩子，但這種說法若要爲眞，就必須掩蓋住「愛」當中的曖昧模糊之處：唯有在依附成功接替痴戀存在時，這種說法才可能成立。

這些事實可以幫助我們理解愛是否爲「社會建構」的問題。即便愛的三種症候群都是由我們的腦內化學物質驅動而來，卻是意識形態在認定一個人何時正在經歷「眞愛」。而且我們文化存在一個普遍的社會現況：一個人必須同時受到三種愛的症候群影響，才有資格宣稱自己正在經歷「眞愛」。不幸的是，就算不談其他面向，光是考量三者能維持的時間長短差異，就已實質上保證這種條件的「眞愛」幾乎不可能持續太久。

拆穿愛的假面具？或是科學的重要性被貶低了？

將愛分門別類是很有趣，但不太能眞正解釋愛的概念。這些愛的類型學頂多讓你因爲得以辨識出自身經驗而獲得慰藉。不過，如果你不是已經自認了解自己，也不可能辨識出任何事物。這種獲得啟發的感受很可能像是占星學帶來的感受一樣虛幻。

然而，當這些類型學可以跟眞正的知識連結起來時，或許就能爲「愛」提出一些解釋。訴諸範式劇情或愛情故事就是典型的例子。之前我們談到每個愛人都困在自己那份沒人看過的劇本中，而這個想法或許眞的解釋了爲何伴侶吵架時總會陷入如此大的困境。卽便是你，親愛的讀者，一定也有過類似經驗：發現對你來說百分之百合理又有說服力的考量，在你試圖說服的心上人眼中卻毫無道理可言。

之前曾提到我們會演出跟早期依附風格相關的愛情故事，這個想法有經驗上的證據支持。關於腦部運作是如何執行愛的經驗，這些相關資訊也有可能進一步深化我們的理解。退一萬步說，這些研究說明了愛和其他感覺、態度和行爲系統之間的關聯模式。在此同時，神經科學的發現讓人有受到威脅的輕微不安：畢竟一旦得知特定功能是如何在化學層面運作之後，距離操縱這項功能也就不遠了。

如果我們確實獲得這項操縱能力，科學可以告訴我們執行這一切的最佳方式是什麼嗎？假設我們這裡說的「最佳」指的是「最有可能帶來幸福人生」，科學勢必能夠揭露出人性本質的眞相，而我們在設計社會安排（social arrangement）時也一定會將揭露的內容詳盡納入考量。

不過我們一定要小心，不要科學家說什麼就照單全收。才沒有很久之前，根據所謂的科學紀錄顯示，同性戀就算不眞是一種病，至少也比異性戀不快樂許多。既然同性戀不快樂，根據科學推論，同性戀傾向就該遭到壓抑，或至少絕不該助長。這項推論沒有將另一項可能的前提列入考量：那就是，作爲受人輕蔑、歧視及暴力對待的對象，或許本來就不容易感到快樂。

科學曾嘗試針對情感風格當中的性別差異進行了各種研究，而這段嘗試的歷史中充滿了許多類似謬誤，這些謬誤通常也剛好驗證了大眾普遍抱持的偏見。心理學的歷史中詳細記錄了許多人想在男性及女性腦部找到差異的案例——以下僅舉三例：腦的重量或容量、神經網絡連結，還有功能側化（functional lateralization）——就爲了「解釋」女性比較低劣的假設。一旦發現無法證實某項差異確實存在，科學家又會去找出其他差異。過去數十年間，在地位崇高的演化心理學家的著作之中，至少有半打針對不存在的事實提供了看似巧妙的解釋。

我就在眾多例子中聊舉一例。許多這類著作都告訴我們，天擇邏輯勢必會讓男性和女性的忌妒展現出相當不同的樣貌。考量繁殖的因素，這裡的推論是，男人顯然一定會對父親的身分感到恐懼，女人害怕的則是家長之間無法合作。

這說法看似合理，直到後來的證據顯示，這種所謂的天擇效應正因爲社經層面的性別平等程度提高而逐漸消退。當然，男性可能眞的更容易因爲女性在性方面的不忠誠而感到悲痛，但這也可能只說明了刻板印象的影響，而不是足以將此現象合理化的證據。這種現象的源頭是一個大衆普遍接受的意識形態，其中假定女人的性衝動比男人弱，而且對情感連結以外的性就是比較沒興趣。所以即便這個刻板印象完全錯誤，選擇相信的男人或許會根據這個錯誤的刻板印象認定，女人只要跟他人發生性關係就是出於情感上的依附。

經由這種方式，這類自我陳述看似確認了演化心理學家的假設，但其實只是奠基於強行拿來解釋這些陳述的謬誤理論：這些愛和性的意識形態於是便宜行事地自我強化。值得注意的是，那個認定女人性驅力較弱的意識形態才出現大概兩百年。在更早期的西方文化中，女性的性很常被視爲一股狂暴且永不饜足的力量。波普用兩句詩總結了這個概念：

男人，他們有些縱橫商場，有些追求享樂；

但所有女人根柢上都是蕩婦。

長期以來，這種態度都反映在用來壓抑、懲罰女性的性而採取的野蠻舉措中，這些舉措除了以各種文化建制的形式現身，還會透過身體上的干預，像是裹小腳、貞操帶，還有陰蒂切除。

症候群的多樣性

根據前述，我們的態度必須在各方面有所保留，而所謂的保留代表我們必須在接受有關愛的最新「科學」看法時謹慎以對。儘管如此，費雪針對三種截然不同症候群發展出的理論框架仍有用處。其中提供的理論觀點能使我們用更好的方式重新評價我們算是什麼種類的動物，以及當我們說自己愛上某個對象時，這句話可能代表的許多不同意思。這些觀點也能針對愛與性的實際情況給予指引，就算只是透過解釋爲何這一切如此困難也好。

根據演化理論的觀點，愛侶所承受的內在衝突並不令人驚訝。大自然對我們及我們是否快樂漠不關心。對於天擇而言，個體及其感受到的愛無關緊要，只要基因有被複製下去卽可。正如哲學家叔本華所說：「那個孩子就該被生下來，即便參與其中的各方不知情，孩子才是整個愛情故事的眞正結局；至於結局是透過什麼方式達成，總之是次要的事。」

從個別人類的觀點來看，當然，「結局是透過什麼方式達成」才是唯一重要的事。我們每個人想在愛情中達成的目標種類多到會令人眼花，不過同樣的地方是，大家通常都會試圖藉由人工避孕來阻撓大自然達成目標。藉由以上針對科學研究「愛」的手法進行的簡短考察，再加上前一章嘗試找出愛的理性成分卻失敗的討論，我們可以做出結論：我們爲了理解愛而做出的努力，不太可能成功讓我們獲得任何純粹與大自然和諧共處的方式。

若要進行更詳盡的審視工作，我們就得將包括歷史的社會科學含納進來，爲的是至少能提醒我們，即便我們在面對直覺及實踐的社會脈絡時傾向認定這一切源於自然需求，其中仍有相對性存在。可能有任何形式的關係比其他關係更讓人滿意又獲得成就感嗎？這是人們可能希望基於經驗證據來回答的問題。當代有源源不絕的人嘗試爲此提出建議，其中每個人都保證自己的意見是仙丹妙藥，也督促你根據他們的醫囑生活。（就像宗教學派一樣，他們彼此之間很少有共識，各自對其他教派的評價基本上也都沒錯。）冒著可能看起來跟他們沒兩樣的風險，我現在必須面對這個規範性問題：根據目前對愛的理解，我們到底該怎麼做？

第六章 烏托邦

未來年代的小孩
讀到這頁中的憤慨
會知道有過這樣的歲月
愛，甜美的愛，被當作犯罪。

就讓那位無用的空想家永受詛咒
他又是執迷，又是愚蠢，
行徑如同謎團難懂

（布雷克）

那位首先混淆愛與道德之人。

（波特萊爾）

透過化學物質去愛比較好

愛的科學引發了各種焦慮，在這些焦慮之中，有一種我們不需要認眞看待：愛會失去其價值，就因爲我們能夠對愛提出解釋。愛的神經科學所揭露的面向中，最令人感到不祥的部分跟化學控制有關。

在一篇首次發表於《紐約客》的出色短篇故事中，桑德斯想像了一系列實驗，可透過遠端施行藥物來啟動或終止痴戀。目標的個人特質在此無關緊要，愛和渴望的強烈感受只要透過藥物就能觸發，就像《仲夏夜之夢》的歐伯倫將愛情魔藥倒進提泰妮亞耳中一樣突然。一小時後，解藥便使他們完全恢復原狀。如此而來的短暫愛情若只是純然肉欲，那也不令人驚訝，不過桑德斯筆下的角色所經歷的，是火力全開的痴戀（或說浪漫愛）。爲了確保大家不會誤以爲這些角色是敏銳意識到對方足以讓人去愛的核心自我，桑德斯特別強調他們都是遭定罪的謀殺犯，因此不只是外表不吸引人，道德上也令人反感。

類似的「愛情藥」或許很快就能在現實中取得。倫理審查委員會必須準備好迎接那樣的時刻到來，屆時婚姻諮商師必須決定是否要推薦個案使用。爲了服務單一配偶關係開立這種藥物符合倫理嗎？以下純粹是假設性討論：牛津大學的哲學家厄普曾表示，若我們假定單一配偶關係是毫無疑問的好東西，任何配偶就該不受限制地透過增強愛意的藥物來強化關係。甚至在特定條件下，他們或許還有責任這麼做。舉例來說，他們的孩子現在或未來是否幸福，仰賴的或許正是家長的關係能否持久。婚禮誓言不只強調你們可以爲彼此做些什麼，也要求你們在「直到死亡將你們分開」之前始終相愛。無論那種誓言現在看來多麼魯莽，只有當你完全不可能遵守它時，你才能放下那份誓言創造出的枷鎖。若有辦法取得一種讓你得以隨心所欲「感覺在愛」的化學物質，同時還能驅使你的言行舉止都像是在戀愛一樣，或許就能讓原本看似不可能的情況變爲可能。根據你所發過的婚誓，這種藥物的出現會讓你有使用它的道德義務。

至於愛情的解藥，桑德斯在小說中描寫了能終結一小時戀情的藥物，這種藥或許很快就會在現實中出現，而且一樣能成爲保護單一配偶關係的工具——又或者這麼說吧，減緩單一配偶關係失敗所帶來的心痛。只要你一覺得受到伴侶以外的對象吸引，就可以趕快吞一顆愛情解藥。當然，人們也會需要發展出相應技巧，以免意外愛上身邊的親近友人，比如《仲夏夜之夢》中那些不幸的愛侶，他們總是不停被下藥後又愛上錯誤對象，證明親近的關係很可能帶來混亂。不過，只要能解決這些技術問題，愛情的迷藥和解藥就能從根柢上將痴戀和依附之間的可能空白填補起來。我們可以這裡來劑迷藥、那裡來點解藥，如此一來，所有人都能好好走在單一配偶這條狹窄卻筆直的道路上。

這個美妙的結論或許是立基於並不眞實存在的兩難處境。許多伴侶會參與「交換性伴侶」的活動，但他們並不是想要顚覆單一配偶關係，反而是爲了強化、維繫這個制度。這種情況也告訴我們，單一配偶伴侶享受的最極致快樂並非基於性生活的排他性，而是雙方的意識形態、習慣和偏好之間取得平衡。這些性活躍者能意識到「愛」存在可分開討論的不同症候群，他們也都同意長期婚姻中的依附情感不必然會受到跟其他伴侶的肉欲享樂所威脅。不過，就算他們快樂地爲這些婚外的肉欲行爲背書，他們願意背書的項目也不包括婚外的親密情感。爲了防止情感連結帶來的危險，性活躍者確立了交織如網的複雜規則及慣例。其中的禮儀要求任一方一旦發現有痴戀萌芽的疑慮，就要立刻將其斬草除根。性活躍者採取的「生活風格」之所以不同，就在於他們面對肉欲和渴望時嘗試採取歡迎而非壓抑的態度。

愛的意識形態擁護者及反叛者

愛所附帶的嚴格規則總有執法者和反叛者。在現代西方社會中，規則是由**單一配偶主義**（monogamism）定義而來，這個意識形態和單一配偶關係的實踐行爲不同。單一配偶關係反映的或許是個體選擇，這個選擇無從避免地受到主流意識形態影響，但並不是百分之百由主流意識形態所決定。單一配偶主義卻不是一種選擇或實踐，而是一種規範體系，這個體系被不停出現的外遇者加以強化，正如針對藥物發起的戰爭需要靠那些賣藥大亨來維繫。跟支持種族隔離或現在還能聽聞的反同性婚姻論述相比，這些單一配偶主義論述的爭議程度可說是不相上下，但仍被大家幾近理所當然地接受了，若有人要反對還得付出極大代價。

就某些層面而言，所有陷入痴戀的愛人都是在反叛社會秩序。古中國、印度和希臘的文學作品中都有禁忌之愛的傳說故事，其中牽涉到的大多但並不總是限於一男一女。這些愛侶的故事幾乎都以死亡作收，因此死去的人有些會在下輩子開成一朵花，比如雅辛托斯和阿波羅的故事，雅辛托斯的下輩子就變成了風信子花，另外也有愛侶死亡後變成蝴蝶，像是祝英台與梁山伯。雖然曾有一段時間，有些人流行宣稱浪漫愛是歐洲人在吟遊詩人時代的發明，但在民族學家研究過的世界文化中，其中有百分之九十能找到各種有關痴戀的故事。

這些反叛者包括了道德家和背德者。十七、十八世紀的浪蕩子對任何種類的道德皆輕蔑以對，像是薩德侯爵和羅徹斯特伯爵。他們的行爲就任何標準而言都很糟糕，不過這正是其中一個令人感到有趣之處。反叛本來就會讓人興奮，除此之外，人們或許會猜測社會對愛與性的壓抑等於是在鼓勵一種不言自明的三段論，不過這個看來誘人的三段論顯然是錯誤的：愛與性提供了強烈的愉悅，而壓抑愛與性讓愛與性成爲犯罪，因此我們可以預期所有犯罪都能提供愉悅。

不是所有性與愛的反叛者都是背德者。相反地，現代提倡「自由戀愛」、同性婚姻、開放式關係，或多重性伴侶行爲的人，眞要說教起來也可能跟教宗一樣枯燥乏味。他們針對單一配偶主義意識形態的訴狀中包含了性別歧視、對現實的否認，還有虛僞。他們的主要訴求是一貫地遵守某些關於「愛」且不證自明的傳統眞理，並去除那些經常損害他們理念精神的附屬細則。

在那些所謂不證自明的眞理中，最重要的就是「**愛就是對心上人福祉與快樂的關心**」這個信念。然而，在單一配偶主義的意識形態中，這個信念成立的條件限制了心上人擁有幸福的方式，以及得以提供這份幸福的人選。在單一配偶主義的情感與性愛合約中，有一項每個人都心照不宣的附屬細則寫著：「我想要你幸福，但只能是我讓你幸福。」

類似的情況是，如果「愛就是仔細考量心上人的自主性所帶來的喜悅」，那麼，只要心上人懂得合理使用那份自主性，就不該受限於任何條件。（讓我們回想神學上的類比：自由意志是神給我們的大禮，但要是錯用就會遭到永恆的天譴。）

再者，如果「愛就是透過想像力，努力去同理」你的心上人，並清楚看見她的眞實樣貌，那麼就不該有任何你無法接受的心理狀態。不過在此的附屬細則是這樣寫的：「我愛你，因爲你就是你，因爲你這個人的本質，但我會注意你有沒有思想犯罪的跡象。」所謂的思想犯罪，就是當愛人針對心上人的美德形塑出一種觀點後，任何不符合這個觀點的思想或衝動都算犯罪。

如果「愛就是接受心上人的感受」，我也就必須接受你對他人產生的好感。不過這個論點對雙方而言都適用：既然如此，你也必須接受我的忌妒。沒錯——但就算那份忌妒眞能被接受，也不代表這是在推崇一種透過憤怒或復仇行徑表達忌妒的權利。我們可以接受在傳統的次文化中，一位父親發現女兒的韻事引發了社會輿論的不贊同並因此感到難受，但我們不能接受他用「保護名譽」作爲殺掉女兒的合理動機。類似的情況是，部分反對單一配偶主義的激進道德人士堅持，有些人想透過占有欲控制心上人的渴望，是一種可理解的人類弱點，但這並不意味著社會應該強制執行一個人對另一個人的所有權。

最後，如果「**愛的目標是心上人如假包換的個性**」，而且「無論好壞」都跟你共度此生，愛人不能理所當然地認定心上人可以永遠專情，因爲那就是不可能的事：「當我同意『無論好壞』都跟你共度此生時，我從沒想過你可能也會愛上別人！」

多重伴侶者認定自己和多重配偶關係的擁護者完全不同。後者指的通常是一夫多妻，而實踐此種形式的往往是具有壓迫性的父權主義社會。此外，相對於性活躍者，多重伴侶者通常能接受在擴展伴侶關係納入他人。他們已經準備好面對所謂的NRE，完整名稱是「新的關係能量」（New Relationship Energy）。NRE起源於對新伴侶的痴戀。如果約翰愛珍恩，但又陷入對傑克或瑪莉的痴戀，他的偏好和習慣很可能會有一陣子出現改變。那些改變很可能會讓珍恩感到不舒服，並因此引發她的忌妒，然而跟大多數單一配偶的伴侶不同，約翰和珍恩有意識到痴戀本質上就是生命週期很短的一種感情。他們努力不屈服於這種感情帶來的毀滅性力量，同時也清楚這股力量很可能讓他們的情感關係擴展、納入新成員，或者面臨瓦解的風險。

歷史上有幾段納入他人後仍幸福快樂的知名關係，像是威廉．漢彌爾頓爵士和艾瑪．漢彌爾頓夫人，他們兩人的恩愛關係因爲尼爾森勛爵的加入而更加美好。蕭伯納就曾指出，「這個三人之家的祕密不只在於丈夫和尼爾森都對漢彌爾頓夫人全心奉獻，還在於所有人都爲彼此全心奉獻。當威廉去世時，尼爾森和艾瑪似乎同樣心碎。」

理想上來說，一位投身穩定關係的多重伴侶者在另一半有了新對象時，應該要能做出喜悅的回應。他們甚至爲那種情緒取了一個名字：「愛屋及烏的喜悅」（compersion）——也就是忌妒的相反。難道那不是符合了愛的定義嗎？你的心上人開心，你不是也該因此開心？不過，許多理性地討論多重伴侶關係的自我成長書籍也承認，人們不總是有辦法做出這類理想反應。於是，捍衛傳統單一配偶關係的人會很想藉此來證明，忌妒就是一種無從避免的自然情緒。不過，若要反對多重伴侶者所抱持的理想，這幾乎很難成爲令人信服的證據，畢竟單一配偶關係也無法避免忌妒情緒的出現。確實，忌妒對後者所造成的傷害性更強，因爲選擇單一配偶關係的人在面對符合「背叛」定義的事件時，會認爲忌妒是合情合理的反應。相反地，對多重性伴侶者而言，心上人可以從另一個人身上感受到吸引力這件事，其實能帶來正向的撫慰效果，因爲那提醒了我們一項事實——大家往往選擇否認卻無從否認的事實——所有的約翰都可以在愛上瑪莉的同時，仍持續愛著珍恩。約翰和珍恩也能認清「新的關係能量」本質上就是短暫的，並清楚痴戀跟依附以及偏愛是不同的情感形式，也沒有像它們一樣受過時間的淬鍊。

無論是受忌妒所苦，還是遭人忌妒，總之忌妒都不令人愉快。不過仍有捍衛忌妒情緒的人認定這是確認愛情存在的可靠訊號，這種想法不只存在於蘇格蘭的女性獄友之間，也常有詩人這麼想，像是浪蕩的羅徹斯特伯爵就曾毫不曖昧地這麼說：

嗚呼！這忌妒如此神聖
是極致形式的愛意湧升；
是她和我之間唯一能證明，
我們相愛，而不是在做夢。

不過要證明愛的存在似乎可以有更好的方法。忌妒這種情緒早在嬰孩時期就已出現，根據演化心理學的觀點，這種情緒一定是爲了某種目的而發展出來的適應行爲，但儘管如此，忌妒仍可能產生反效果。忌妒跟其他形式的痛苦一樣，會讓人聯想到失去愛的可能性，因此或許可以當作有用的警訊。不過忌妒帶來的憤怒及具侵略性的監視行爲，就跟忌妒在嬰孩時期首次展現出的其他各種反應一樣，唯有在獲得周遭社會規範的增強後，才可能在成人世界中獲得認可。

在某些社會中，像是地中海沿岸地區，強烈的忌妒被視爲正常且合理的情緒，甚至可以讓人在當場抓到伴侶「in flagrante delicto」——這是個充滿畫面的拉丁文法律術詞，字面意思是「罪行正在燃燒時」——就能合法地進行「激情犯罪」（crime of passion），也就是殺掉那位伴侶。在其他社會中，像是米德描寫的玻里尼西亞社會，這種情緒能成功受到壓抑，人們再怎麼說也至少將忌妒視為怪異及無理的情緒——在這種情況下，忌妒幾乎被當成某種幼稚的鬧脾氣行為，而非成熟的情緒反應。

將「自然天性」作為意識形態

既然現代的愛情反叛者都是道德家，他們當然就想要改革。而如果要推行改革，就一定要奠基於關於人類天性的相關事實。但這些事實是什麼？

有一種影響力甚鉅的道德體系衍生自亞里斯多德，並由阿奎那斯引入羅馬天主教神學，此概念將神的仁慈目的內建在大自然之中。這種看法的前提假定我們可以充分了解大自然的目的，也就是分辨出「眞正的」天性跟「性變態」的不同。自然法理論（natural law theory）的擁護者已準備好頒布法令，規定「肉欲愛」和「性」只有在以繁殖爲目的時，才算正確地符合自然天性；只有單一配偶婚姻跟大自然的旨意相容；其他形式的愛與性，都扭曲了我們眞正的天性，包括同性愛。作爲尋求眞愛的指引，訴諸大自然往往讓人覺得很有說服力，因爲大多數人傾向將愛視爲良善大自然所贈予的珍貴禮物。不過一旦對大自然的仁慈抱持這種信仰，常會忽視了眼前的證據，這些證據證明了大自然的最佳表現僅止於漠不關心，甚至往往讓人覺得是在主動釋出惡意。其實一直以來，人類創造的制度都在嘗試約束或規範人類的激情。不過，各種試圖束縛愛的傳統習俗和禁令之間存在相當大的差異。事實上，愛不只受到意識形態的主宰，受到化學物質主宰的程度也差不多（圖4）。

在所謂的「性革命」之後，愛所承受的不一致偏見變得不那麼嚴格，但效果或許沒有人們希望的那麼明顯。這點可以透過近期流行文化呈現同性戀關係的方式來說明。大多呈現方式清除掉了同性戀本身踰越界線的特質，但正是這項特質爲同志的生活形態賦予了道德嚴肅性——更別說還爲其賦予了一絲魅力。在同性伴侶有權結婚的幸運地方，許多人聲稱重新開始重視單一配偶關

圖4｜意識形態的包袱是每對愛侶無法逃避的重擔。

係。在同性戀被視爲「正常」的地方，他們不再高舉性愛激進主義的火炬。那只火炬就留給還受到邊緣化的跨性別、雙性戀和多重伴侶擁護者吧。

無論是執法者或反叛者都會同意，能夠帶來快樂或悲慘的「愛」，在人類生活中扮演了關鍵角色。因爲這個理由，我們永遠無法不帶感情地去檢視有關愛的「事實」，也不太可能發現正確的規範信念（normative belief），因爲人們透過天擇傳承到的各種情性氣質（emotional disposition）彼此衝突。痴戀這種情感非常激烈、短暫，且本質上帶有欺騙性：在我們的意識中，痴戀的內涵就是要拐騙我們相信這種情感會永遠不變。雙方之間的情感連結及其延伸出來的情誼或許不那麼濃烈，但對社會生活而言是不可或缺的存在。至於痴戀，儘管我們可以將其想成是在爲雙方的感情及依附打下基礎，但它往往可能毀掉當初自己協助建立起來的一切。這就是爲什麼愛似乎很常瀰漫著悲劇性。

一旦採取了科學特有的客觀化視角，即便還遠稱不上專業，你就已經有可能稍微站開來，隔著一點距離來看穿幻覺。一旦成功這麼做了，你就沒有理由不同意：除了幸福的單一配偶婚姻之外，還有無數不同的情感安排可以對應人類多元的品味及性情。因此我們應該接受對某些人來說，一旦開放地嘗試了非傳統經驗，並因此擁有一個或多個人生伴侶後，他們的人生其實是變得更豐富，而非注定要失敗。

以人性的傳統觀點來看，迷思和有關是非對錯的預設，汙染了我們認定何者爲眞的信念。當迷思跟現實產生摩擦時，意識形態說服我們相信眼前的所見並不符合自然天性的「旨意」。因此，舉例來說，許多人在愛情顧問產業中自詡爲專家，而這些傢伙總是理所當然地相信一個大家假定存在的事實：智人（Homo sapiens）是「本質上」追求單一配偶或擁有「輕微多重配偶傾向」的物種。即便在我寫作的當下，我所在的當地報紙都還在稱讚一本新書，其中提到：「新的科學證據告訴我們，人類生來就是要終生單一伴侶。」（但如果這是眞的，一直宣揚這個概念還會如此有利可圖嗎？）這符合演化心理學家說了又說的標準論調，但有越來越多理由質疑此論調的眞實性。

首先，世上實際存在的多元配置方式，反映了個體的自然天性在生物學、社會學，還有生命史層面的多元性。擁護另類愛情的道德反叛者可以從許多研究領域找到經驗證據來支持自己的立場。然而，這一切都不是無法接受挑戰和質疑的：科學之所以不同於迷思，不是因爲科學絕對可靠，而是意識到自己有可能犯錯。不過，只有科學可以糾正科學本身及民間智慧的錯誤。

舉例來說，根據靈長類動物學的觀點，我們得知跟我們親緣關係最近的靈長類親戚是倭黑猩猩，雜交是倭黑猩猩得以過著和諧社會生活的基礎，而非帶來毀滅的原因。相較於雜交的人類男性祖先，我們的女性祖先看來一點也不「羞怯」或對伴侶精挑細選，她們的行爲似乎更像倭黑猩猩，而不是單一配偶的長臂猿。至少，根據解剖學令人興味盎然的推論——人類陰莖擁有其他物種沒有的蕈菇形狀，或許是爲了將其他男性在伴侶陰道中留下的精液推擠出來因而產生的適應結果——我們就能窺見我們女性祖先的生活形態。

關於「配偶外交配」（extra-pair copulation）的研究指出，在生殖週期的易受孕期間，女性更可能和非固定伴侶的男性產生性接觸。這點顯示在某個無意識的層面上，女性或許更可能爲了後代而向外尋求非婚姻對象的男性基因。那麼或許難怪情況是如此：在當代西方社會中，儘管單一配偶制的規範只出現幾道形式上的裂縫，可是實際上在所有地方，「比起遵從規範，破壞規範更是在推崇規範。」

可能性證據

另外也有驚人的人類學證據提供了「可能性證明」，也就是多元關係配置的案例。若我們對於愛、雄性競爭和繁殖後代的傳統期待反映了人類天性不會偷情的事實，這些案例就不會存在了。其中一個案例就是摩梭人（Mosuo），那是位於中國西南部的母系少數民族。他們沒有婚姻制度，但女孩在成年儀式結束後可以擁有自己的臥房，想跟她做愛的男性可以直接去敲門。她可以一直選擇同一個愛人或每晚接受不同愛人，而她的兄弟姊妹會幫助她養大孩子。以這種模式，男性透過他們的姊妹——而非透過父子關係——將自身基因傳遞下去，因此避開了雄性之間暴力敵對的生物誘因。

另一個說明不同組成的可能性案例是在一個亞馬遜部落中發現的，這些部落實行的是「共父」(parti-paternity)制度。在此制度中，一個女性會擁有很多性伴侶，而大家會認定她的所有愛人都會影響到她的後代特質及品質。這些男人全都會接受自己的父親身分，所以孩子會有很多位父親。在他們看來，只要有愈多父親奉獻出精子，後代所繼承的美德和力量就愈強大。在這種配置的脈絡之下，合作取代了競爭，忌妒情緒也被減到最低或甚至不存在。

演化心理學的標準說法強調雄性會關注自身基因的繁衍，而以上兩個例子和這種說法之間並沒有矛盾。在此同時，這些例子顯示了人們很常得出的那個結論——男人應該稍微有點雜交傾向，女性則勢必需要受到男性充滿妒意的保護，確保她們不受其他男人「保護」——其實並不符合演化心理學標準說法的預設前提。

在我們的社會中，只要伴侶的注意力分散引發了人們害怕失去對方的恐懼，忌妒會被理所當然地視爲正常且合理的反應。失去專屬於自己的注意力會被視爲失去這份感情的訊號。忌妒會影響信念、情感和行爲。因此，忌妒常見的表現方式包括疑神疑鬼、悲傷或憤怒的情緒、攻擊行爲，或者試圖干擾伴侶與情敵之間交流的各種伎倆——像是監控或不停盤問對方。

在忌妒展現出來的不同樣貌中，只有像是傷心這類「情緒化」的反應會被認定與愛成正相關。情緒化的忌妒表現能讓婚姻在七年之後更容易持久維繫；相對來說，侵犯性的監控及攻擊性行爲很少讓對方覺得吸引人。不令人驚訝的是，後者這些行爲不太能維繫愛情，反而更會侵蝕愛情。

對於投身修補破碎婚姻這個浩瀚產業的成員而言，這樣的思考路徑實在不太吸引人。支持單一配偶主義的立論基礎部分在於，性與情感關係的排他性提供了安全感，並因此降低了伴侶雙方的焦慮程度。但安全感始終是虛幻的存在，無論在愛情或人生當中皆是如此；此外，這項論述也使人不禁想進一步提問：若是另一段愛情關係的萌芽不必然等於現存關係的瓦解，伴侶雙方的焦慮程度不是會變得更低嗎？若是一個人能意識到受他人吸引的可能性，以及痴戀本身只是一種暫時性存在，就不會想要透過說謊保護自己的愛人。雖然不至於要像王爾德一樣，堅信單一配偶關係下的忠誠更該被視爲「因循苟且，或者……缺乏想像力」，我們還是可以承認，忠誠就算不意味著「放棄所有其他對象」也沒有邏輯不一致的問題。比起將忠誠狹隘地理解爲排除所有可能人選地占有對方，放棄排他性更能有效地防止背叛。

情欲烏托邦

儘管單一配偶關係並沒有受到廣泛實踐，我們仍生活在以單一配偶主義爲主流意識形態的社會中。舉例來說，在名人文化中，幾乎很少有人服從相關規範，但大家每次面對侵害單一配偶主義的行爲時，卻只是將其視爲一則有趣聳動的醜聞。親愛的讀者，或許你已選擇盡可能地服從相關規範，也或許想要抓緊任何機會來強化自己對關係的承諾——並鈍化誘惑侵襲而來的感受——而這一切很快就能透過藥物來達成。如此一來，面對存在於大衆話語及姿態中不言自明的規則及傳統規範，你也懂得如何從中獲得好處。在那樣的世界中，所有人都明白參與愛情遊戲的繁複規則。

一旦衆人的話語及姿態都依照悠久的傳統進行系統性的編纂，任何人都能在架上找到現成的劇情腳本，並因此知道下一步該期待什麼。又或者，你可以選擇加入另一個人數漸增的隊伍，其成員比較不受到任何的單一生活形態吸引，反而更對人類渴望達到的多元生活形式感到讚嘆。若是如此，你可以嘗試根據關係參與者的個人、脾氣及偏好來調整關係。如果你選擇這麼做，就不會再把眾所皆知的規則視爲理所當然的存在。

對感情的期待必須基於彼此的理解，必要時可以透過參與者之間明確制定的規則進行補強。你會需要小心確保這些期待不受到仍未完全殲滅的頑強範式劇情殘跡所汙染。任何想要創造新事物的嘗試都是一段刺激的冒險，但也會承受系統化的誤解，同時需要在過程中痛苦地不停重新評估及調整。

如果選擇加入那個追求多元性的隊伍，你可能會覺得自己在協助開創一個愛的烏托邦。一定會有人跟你說，這些事早有人試過且失敗了，現在也不太可能行得通。不過在大腦變造技術可以在化學及電腦實驗室中進行的年代，情況可能會有所不同。傳統智慧建議我們改變自己而非這個世界，然而到了近年，我們可以針對兩者都做出一些改變。最好的情況是，我們能讓自己下定決心去服從社會規範，又或者心懷一絲成功的希望，努力試著讓那些規範不要那麼壓迫人。時至今日，儘管人們大談性革命，強調占有欲愛情的意識形態卻幾乎不減其威力；不過現在我們可以擁有不同的可能性，也就是為了促進某些特定種類的關係而去改變個人的性情。與其假定神或大自然將智人創造成追求單一配偶、多重配偶、異性戀，或多重伴侶的生物，你現在獲得的或許是一個普通人從未擁有過的自由：你可以選擇自己的性向認同。

在自由開放的社會中，人們大多透過性取向來實踐這份自由，而這裡的性取向被狹義地詮釋為偏好發生性關係的伴侶性別。目前人們還可以在兩個國家（澳洲和德國）進一步選擇自己的性別是男性、女性，或兩者皆非。所謂性別，一開始只是粗糙的行政分類，現在卻可以延伸、納入一個人在不同面向上所展現的更精確認同及偏好。陰柔及陽剛兩種極端之間的光譜也是這裡談到的面向之一，人們可以決定自己是落在其中哪個位置，或是打從根柢上拒絕性別的分類。其他面向還包括了性事的偏好、相愛的風格，還有建立關係的模式等等。一旦做出了這些選擇，人們或許就有可能使用各種手段相應地改變自己，包括透過實驗、學習，或甚至利用化學物質。

最好的情況是，許多面向的可能性在如此擴張之後，可能導致性、愛與關係的不同模式百花齊放——前提是發生在一個對多元文化主義友善的政治框架內。不過，最糟的情況是，我們可能不會因此走向多元天堂，反而進入了夢魘般的「美麗新世界」，[1]在這個世界裡，所有人都經過適當的設定，以主觀滿足有限範圍內的渴望，而在此同時，所謂渴望的樣貌完全受限於或許在政治層面權宜堪用的某種抽象概念——換句話說，這個世界基本上就是現行制度的變體。

爲什麼說是「夢魘」呢？打造這個「美麗新世界」所需的技術可能很快就會出現，並藉此爲運作這個「烏托邦」的方程式提供原因及解答——同時設計出我們的渴望以及得以滿足這些渴望的手段。透過這種方式，所有渴望都能以最好的方式獲得滿足。這不代表一個所有願望都能獲得滿足的阿拉丁世界，因

1 譯註：這裡指的是英國作家赫胥黎（Aldous Huxley）一九三二年發表的著名反烏托邦作品《美麗新世界》（*The Brave New World*）。

爲一個沒留下什麼盼望的世界實在令人沮喪。就算是在烏托邦世界，還是得有些讓人得以盼望的事物。不過如果在經過科技調整之後，這個世界可以讓人在沮喪之際仍獲得足夠的興奮感，也能將圓滿愛情中的愉悅最大化，那麼就能設計出一個「滿足感」與「渴望」的理想比例。在這樣的世界中，若我們最後的感情模式不如現在渴求的那麼多元或自由，那又有什麼關係呢？

試圖回答這類問題就像是將人扔回哲學的密林中。將「渴望」及「滿足感」以完美比例搭配起來並不足以取代蓬勃發展的人性。烏托邦的設計必然受到我們的想像力所限制，所謂想像力也必然受到我們的價值觀所限制。就算知道許多價值觀不過是毫無實證基礎的偏見，我們也無法在建構這個烏托邦時徹底擺脫其影響。沒錯，建構烏托邦的目標是確保生活在其中的居民將此地視爲所有可能世界中最棒的所在，但我們的判斷基準也難免受到自身現存的狹隘觀點所干擾。

爲什麼赫胥黎的小說《美麗新世界》是個反烏托邦小說呢？這個世界特別令人不安的地方，在於其建立了一個定義人類存在方式的小型體系，並在其中確立了僵固的階級制度。在我們生活的世界中，可以確定的是，我們的選擇深深受到自身無法選擇的基因組、出生成長時遭遇的歷史處境，以及幾乎無從改變的各種家庭教養所影響。儘管如此，我們仍強烈相信有無數種身而為人的方式。你獨特的基因組只是以各種方式形塑你的無數影響因素之一。一個人可能遭逢的多元經驗是大自然賜予我們的禮物，拒絕這份禮物會顯得無禮。

無論從個人主體或世界整體的全面性觀點來看，生命形式的各種樣貌都很吸引人。生態學者會強調多元性的價值，不過倫理和實務層面的議題也至關重要：若是失去了一些植物物種，我們可能也因此失去治療某些未知疾病的機會。不過，我們同樣珍惜多元性本身的價值。現存世界中的生命形式多到如此驚人，想到就令人不禁心生敬畏。那為什麼在人類關係中，多元性似乎就沒有那麼美好呢？在實務層面，我們仍會將所有的人和關係仔細區分後，貼上現存少數分類中的一、兩個標籤：異性戀、同性戀、雙性戀；單身、已婚、訂婚，又或者「只是朋友」。為什麼會這樣呢？

這裡有個假設不但可以解釋我們想用有限分類來思考的傾向，也給了我們理由去克服人際關係中的這種誘惑。因爲只要將人和關係區分成不同種類，就足以篩去個人經驗中各種混亂的細微差異，並讓我們在談論自己及他人時，感覺自己的觀點和行爲顯得理性又明白易懂。那麼，我們就能更輕易地對別人的私事預測、解釋、歸納，或者說三道四（就將此稱爲我們議論別人時所依據的PEGG吧）。[2] 刻板印象是好用的簡易表達方式。不過我們所有人都知道，我們依據PEGG來討論他人故事時常用的詞彙，其實無法百分之百精確表達我們內在世界的想法。

我們在討論他人時需要動用多少爲了PEGG所設計出的簡易說詞呢？如果我們希望看見愛人的眞正樣貌，就必須努力以超越前述分類的眼光去欣賞他們。再一次地，這樣可以幫助我們將「愛」視爲一種特別激烈的美學欣賞方式。在接近一個藝術品時，你無從避免地要先藉由創作類別、時期及風格將其分類，但之後也會希望受到這個獨特作品中無止盡的精密細節所吸引。畢竟眞正讓作品獨一無二的關鍵是這些細節，就算這些細節還沒獲得命名，人們還是有辦法去欣賞。而這種態度同樣適用於愛的目標。

我們的社會環境不是唯一會透過意識形態形成刻板印象的來源。任何人類關係（不只是愛人之間的關係）都會產生讓人期待，而且這些期待具有規範性力量。就算是陌生人之間，大家也會期待彼此遵守承諾。當愛被理解爲一種普遍的意識形態時，規範可以源自愛，而當美國文化評論家吉普妮斯列出一長串伴侶之間的禁止行爲清單時，愛正是這類規範的源頭。這也讓愛構成了一套不言自明的合約，其中充滿許多附屬細則，藉此建構出帶有許多條件及資格規定的愛情標準套路。

愛的這個規範性面向一定會讓香帕涅伯爵夫人大感驚駭。不過我們眞有辦法完全逃脫這一切嗎？我們可以在沒有意識形態的情況下生活嗎？無疑是不可能的。不過或許我們可以降低其帶來的潛在致命危害。無論我們的基因和化學物質爲我們留下多少遺產，建構出我們所在世界的大多是言語帶來的後果，

2 譯註：這裡的PEGG指的是預測（predict）、解釋（explain）、歸納（generalize），或者說三道四（gossip）四個詞彙的字首縮寫，並將此當成說明某事時所「依據的內容」（peg）來使用。

而這些言語同時包含了我們的認知以及珍視的價值。文字統御著我們的世界。有時候，愛的狂喜似乎帶我們超越了所有的規範和傳統。我們可以在傳奇和歷史中到處看見因爲愛而灰飛煙滅的王國或生命。不過當愛被馴服在那些規範之下，進入像是婚姻和家庭之類的體制，等受壓抑的部分一旦反撲，結果可能會跟愛本身一樣殘酷。一直以來，歷史中因爲愛而受到的懲罰向來比犯罪的後果還野蠻。

在今日世界上的許多地方，人們普遍能期待享受一定程度的個人自由，也有餘暇去實踐那些自由，因此，我們或許能在這種地方一窺多元社會可能呈現的眞正樣貌。這種社會或許能讓人擁有一絲自由的餘裕，而在其所維繫的社會規範中，就算是性格古怪的人也能過著更加心滿意足又具有意義的生活。在這樣的社會中，藉由認可多重伴侶關係存在多種形式的可能性，或許可以造就出人們自由選擇進入、維持，並反而更容易成功的單一配偶關係。

令人滿足的生活可能以各種不同形式展現出來，但這個概念的成立必須奠基於人類擁有各種可能性的事實。作爲一個社會，我們總是一小步、一小步地前進，我們會調整自己去適應我們的生存環境，也會根據自己需求來調整生存環境。不過當科技提供了足以對我們的外在環境及內在天性做出激進改變的新手段時，我們勢必得同時針對所有項目做出選擇，因爲無論內在或外在都幾乎沒有了穩固不變的立基點。這種未來具有的可能性實在令人暈頭轉向。儘管這種未來還有好一陣子才會實現，不過我們至少可以意識到：任何有關人類如何生活的實驗都值得去做。而唯有社會規範包含了尊重人們以各種形式去生活及愛的空間時，這些實驗才有可能成立。

在還沒多久以前，奴隸制度還受到神及道德體系的認可。接下來——甚至直到現在的許多地方——所謂眞正的「女性特質」仍毫無疑問地意味著，正常女性天生就是軟弱、不理性、智力有缺損，而且順從。這些態度曾受到許多當時的既定觀念支持，但現在已被斥爲顯而易見的無稽之談。

或許，我們也會在未來的某一天，用同樣眼光去看待單一配偶主義？當我們的後代回顧時，或許也會認爲這個意識形態不過是既殘酷又原始的偏見。屆時各種奇特的關係形態將以個體性格爲基礎蓬勃發展，愛的關係將不再受制於因追求痴戀幻覺而訂下的種種規定。若是如此，詩人布雷克筆下的未來世代就有可能到來，而那時候的愛，甜美的愛，將不會是犯罪。

ry, Open Relationships and Other Adventures)(2nd edition, Celestial Arts, 2009)以及Deborah Anapol的《Polyamory for the 21st Century: Love and Intimacy with Multiple Partners》(Rowman and Littlefield, 2010)。另一方面，最近有部稱頌單一伴侶制的作品是Sue Johnson的《Love Sense: The Revolutionary New Science of Romantic Relationships》(Little Brown, 2013)，其中聚焦於將所有愛情系統排除的依附情感，並藉此激情地宣稱「新的科學證據(顯示)……人類注定要跟伴侶廝守終生。」

若要論證忌妒(包括情緒或行爲層面)的不同體現方式會帶來不同效應，可在此找到相關證據：Susan M. Pfeiffer和Paul T. P. Wong的〈Multidimensional Jealousy〉，此文收錄在《Journal of Social and Personal Relationships》，6 (1989): 189–96。

的引用段落是關於尼爾森（Nelson）以及漢彌爾頓夫妻（Hanmiltons）的關係。

波里尼西亞社會的性規範（Sexual norm）引發了大量爭議，不過在爲米德（Margaret Mead）提供資訊的那些人改信基督教並宣稱之前都在欺騙她之前，實際情況應該就跟她在《Coming of Age in Samoa》（Morrow, 1928）中所說的差不多。

有關「共父」（parti-paternity）制度的故事出現於Stephen Beckerman和Paul Valentine主編的《Cultures of Multiple Fathers: The Theory and Practice of Partible Paternity in Lowland South America》（University Press of Florida, 2002）。

對於人類天生就想維繫單偶制的不利證據，請見R. Robin Baker和Mark A. Bellis的《Human Sperm Competition: Copulation, Masturbation and Infidelity》（Chapman Hall, 1995）；另外還有Christopher Ryan和Cacilda Jethá的《Sex at Dawn: The Prehistoric Origins of Modern Sexuality》（Harper, 2010）。

王爾德（Oscar Wilde）的這段諷刺發言出自《格雷的畫像》（*The Picture of Dorian Gray*）中的亨利．瓦頓勛爵（Lord Henry Wotton）。

若要參考女同性戀–女性主義者針對婚姻的有力批判，請見Claudia Card的〈Against Marriage and Motherhood〉，《Hypatia》，11 (1996): 1–23。

關於倭黑猩猩（bonobo ape）的行爲，請見Frans de Waal的〈Bonobo Sex and Society: The Behavior of a Close Relative Challenges Assumptions about Male Supremacy in Human Evolution〉，此文出自《Scientific American》，(March 1995): 82–8。

關於沃爾維克（Kevin Warwick）以及他的「賽博格計畫」（project cyborg），請見：https://en.wikipedia.org/wiki/Kevin_Warwick。

任何人若想嘗試「多重伴侶」的生活形態，推薦兩本提供相關資訊的有用書籍：Dossie Easton和Janet W. Hardy的《道德浪女：多重關係、開放關係與其他冒險的實用指南》（*The Ethical Slut: A Practical Guide to Polyamo-*

Mismeasure of Woman》(Touchstone, 1992)以及Cordelia Fine的《Delusions of Gender: How Our Minds, Society, and Neurosexism Create Difference》(Norton, 2011)。

關於忌妒及其(演化心理學方面)標準故事腳本,請見Christine R. Harris的〈A Review of Sex Differences in Sexual Jealousy〉,此文收錄在《Personality and Social Psychology Review》,7 (2003): 102–28。

哲學家叔本華(Arthur Schopenhauer)針對「性」所進行的悲觀反思可在他的代表作《作爲意志及表象的世界》(*The World as Will and Representation*)中找到相關段落。此書由R. B. Haldane和J. Kemp翻譯的版本(7th edition, Kegan Paul, Trench, Trübner & Co., 1909)中的第一冊可在古騰堡計畫中找到免費的資源:https://www.gutenberg.org/files/38427/38427-pdf.pdf。

第六章——烏托邦

桑德斯(George Saunders)的短篇小說〈逃離蜘蛛頭〉(Escape from Spiderhead)出自他的短篇小說集《十二月十日》(Tenth of December: Stories)(Random House, 2013)。

關於用藥物去促進或壓抑愛的做法會在現實生活中產生的倫理困境,請見厄普(Brian Earp)及其他人所撰寫之〈If I Could Just Stop Loving You: Anti-Love Biotechnology and the Ethics of a Chemical Breakup〉,此文收錄在《The American Journal of Bioethics》,13 (2013): 3–17。

關於痴戀所具有的近乎普遍性(near-universality),請見William R. Jankowiak和Edward F. Fischer的〈A Cross-Cultural Perspective on Romantic Love〉,此文收錄在《Ethnology》,31 (1992): 149–55。

認定浪漫愛是一種中世紀發明的學說是由瑞士思想家Denis de Rougemont在著作《Passion and Society》(Faber, 1940)中所闡述的概念。

蕭伯納(George Bernard Shaw)的《已婚的人》(*Getting Married*)於1908年首演,網路上有電子書:https://www.gutenberg.org/ebooks/5604。此書中

Colours of Love》（New Press, 1973）；史騰伯格（Robert J. Sternberg）的〈Construct Validation of a Triangular Love Scale〉，此文收錄於《European Journal of Social Psychology》，27 (1997): 313–35；另外還有史騰伯格的〈What's Your Love Story?〉，此文收錄於《Psychology Today》（1 July 2000）。

關於依附（attachment），請見鮑爾比（John Bowlby）的《Attachment and Loss》（Basic Books, 1969–80）；另外還有Cindy Hazen和Philip Shaver的〈Romantic Love Conceptualized as an Attachment Process〉，此文收錄於《Journal of Personality and Social Psychology》，52 (1987): 511–24。

有關範式劇情（Paradigm scenarios）的討論可見我的著作《The Rationality of Emotion》（MIT Press, 1987）。

關於肉欲愛（erotic love）的三個種類，請見費雪（Helen Fisher）的著作《Why We Love: The Nature and Chemistry of Romantic Love》（Henry Holt, 2004）。

關於腦部掃描可能出現的錯誤，請見Ingfei Chen的〈Hidden Depths: Brain Science is Drowning in Uncertainty〉，此文收錄於《New Scientist》，2939（17 October 2013）。

關於情緒和疼痛的大腦迴路，請見潘克賽普（Jaak Panksepp）的〈Neurologizing the Psychology of Affects: How Appraisal-Based Constructivism and Basic Emotion Theory Can Coexist〉，《Perspectives on Psychological Science》，2 (2007): 281–96。

有關山地田鼠和草原田鼠的故事，請見Miranda M. Lim et al.的〈Enhanced Partner Preference in a Promiscuous Species by Manipulating the Expression of a Single Gene〉，此文收錄於《Nature》，429 (2004): 754–7。

關於最可能離婚的尖峰時期，其中一例可見：http://alternativedivorcedirectory.co.uk/divorce-statistics-current- trends-and-myths-2013/（譯註：連結已失效）。

關於腦部差異足以將既存偏見合理化的研究，請見Carol Tavris的著作《The

文收錄於她的《Mind in Action: Essays in the Philosophy of Mind》（Beacon Press, 1988）。
關於評斷藝術的理由，可見：伊森格柏（Arnold Isenberg）的〈Critical Communication〉，此文收錄於《Philosophical Review》，54 (1949): 330–44。
關於幻覺為情侶帶來的有利效益，請見Sandra Murray、John Holmes，以及Dale Griffin的〈The Self-Fulfilling Nature of Positive Illusions in Romantic Relationships: Love is not Blind, but Prescient〉，此文收錄於《Journal of Personality and Social Psychology》，71 (1996): 1155–80。
關於亂倫迴避（incest avoidance），請見Edward Westermarck的〈The History of Human Marriage〉（Macmillan, 1922）；Debra Lieberman和Donald Symons的〈Sexual Attraction and Childhood Association: A Chinese Brief for Edward Westermarck (Review)〉，此文收錄於《Quarterly Review of Biology》，73 (1998): 463–7。關於古埃及和波斯的手足婚姻討論，請見Paul John Frandsen的《Incestuous and Close-Kin Marriage in Ancient Egypt and Persia: An Examination of the Evidence》（Museum Tusculanum Press, 2009）。
關於物化（objectification），請見Ann Cahill的《Overcoming Objectification: A Carnal Ethics》（Routledge, 2010）。

第五章——科學

關於「愛的科學」有一部出色的科普作品：Robin Dunbar的《The Science of Love and Betrayal》（Faber and Faber, 2012）。
若要探討愛人以及母親的大腦運作，請見Andreas Bartels和Semir Zeki的〈The Neural Basis of Romantic Love〉，此文收錄於《Neuroreport》，11 (2000): 3829–34；A. Bartels和S. Zeki的〈The Neural Correlates of Maternal and Romantic Love〉，此文收錄於《Neuroimage》，21 (2004): 1155–6。
關於如何採集各種愛的分類學，請見李（John Alan Lee）的著作《The

Helmet and Other Poems》（Macmillan, 1910）以及《Michael Robartes and the Dancer》（Cuala, 1921）。
關於移情（transference），請見佛洛伊德（Sigmund Freud）的〈Observations on Transference Love〉，收錄於《Standard Edition of the Complete Psychological Works》的第12冊（Hogarth Press, 1915）。
卡里（Peter Carey）的故事〈機運〉（Chance）收錄於他的《Collected Stories》（University of Queensland Press, 1994）。
羅克珊（Roxane）和席拉諾（Cyrano）這兩個角色出自羅斯丹（Edmond Rostand）創作的《大鼻子情聖》（*Cyrano de Bergerac: Translated and Adapted for the Modern Stage by Anthony Burgess*）（Applause Theatre Books, 1985）。此書中討論的相關愛情謎團的首次提出是在Sue Campbell的〈Love and Intentionality: Roxane's Choice〉，此文收錄於Roger Lamb編選的《Love Analyzed》（Westview, 1997）。
關於愛是一種賦予（bestowal）的討論，請見Harry Frankfurt的《The Reasons of Love》（Princeton University Press, 2004）。Frankfurt是把愛的本質放在一個更廣泛的提問中來討論，而這個更廣泛的問題攸關於我們該如何去活，以及我們應該關心些什麼。
光是彼此認識就能引發喜歡的感受，可見：Robert B. Zajonc的〈Feeling and Thinking: Closing the Debate over the Independence of Affect〉，此文收錄於Joseph P. Forgas編選的文集《Feeling and Thinking: The Role of Affect in Social Cognition》（Cambridge University Press, 2000）。
威勒曼（David Velleman）確立愛的目標所採取的策略出自〈Love as a Moral Emotion〉，此文收錄於《Ethics》，109 (2009): 338–74。
關於歷史性（histrocity），請見Niko Kolodny的〈Love as Valuing a Relationship〉，此文收錄於《Philosophical Review》，112 (2003): 135–89；Robert Kraut的〈Love de Re〉，此文收錄於《Midwest Studies in Philosophy》，10 (1986): 413–30；以及Amélie Rorty的〈The Historicity of Psychological Attitudes: Love Is Not Love which Alters Not When It Alteration Finds〉，此

章引用資料的第1、2以及第5條。
「胡說八道」（bullshit）的定義出自Harry Frankfurt的《On Bullshit》（Princeton University Press, 2005）。
關於安慰劑效應（Placebo effect），請見Anne Harrington主編的《The Placebo Effect: An Interdisciplinary Exploration》（Harvard University Press, 1999）。
勞倫斯（D. H. Lawrence）對性提出的觀點並非一個經過論述化的哲學觀點，而是在表達陽具「神聖性」時出現的附帶觀點，在小說《查萊太夫人的情人》（*Lady Chatterley's Lover*）（Collins, 2013）當中尤其如此。

第三章——渴望

情侶關係中「不能做的事」清單取自吉普妮斯（Laura Kipnis）的作品《Against Love: A Polemic》（Vintage, 2003）。
關於「馬克思主義」的段落，請見狄波頓（Alain de Botton）的《On Love》（Grove Press, 1993）。
關於「喜歡」和「想要」之間的差異及其神經學基礎，請見：Kent Berridge et al., 'Dissecting Components of Reward: "Liking", "Wanting", and Learning', in Current Opinion in Pharmacology, 9(1) (2009): 65–73. It is available online at https://www.ncbi.nlm.nih.gov/pmc/articles/PMC2756052/pdf/nihms127036.pdf。
關於香帕涅判決（Champagne verdict），請見：Stendhal的《On Love》（Penguin Classics, 1975）（書中的英文譯文出自我的手筆）。
關於婚姻的特權，請見〈Rights and Responsibilities of Marriages in the United States〉，網址爲：https://en.wikipedia.org/wiki/Rights_and_responsibilities_of_marriages_-in_the_United_States。

第四章——理由

葉慈（William Butler Yeats）引用詩句的初次發表分別出現於《The Green

參考資料

第一章——謎團

關於機器人的愛，請見David Levy的作品《Sex and Love with Robots》（Harper Collins, 2007），以及 Spike Jonze於2013推出的電影《雲端情人》（Her）。

亞爾比（Edward Albee）的劇作《山羊或誰是席薇亞？》（*The Goat, or Who Is Sylvia?*）。是由Overlook Press（2003）出版。

Troy Jollimore的《Love's Vision》（Princeton University Press, 2011）認定愛是對被愛之人的一種清楚洞察。

痴戀（limerence）是田諾夫（Dorothy Tennov）在《Love and Limerence: The Experience of Being in Love》（Stein and Day, 1979）當中開始使用的詞彙。

這個段落說明的是Swami Madhavananda在《Brihadaranyaka Upanishad》（1950）中的觀點，全文可在網路上閱讀：https://archive.org/details/Brihadaranyaka.Upanishad.Shankara.Bhashya.by.Swami.Madhavananda

針對「孩童的性」衍生的道德恐慌而帶來的有害後果，可見Judith Levine的《Harmful to Minors: The Perils of Protecting Children from Sex》（University of Minnesota Press, 2002）。

第二章——觀點

《會飲篇》（*Symposium*）和《費德魯斯篇》（*Phaedrus*）的文本非常容易取得，無論是書籍或網路上都能找到。

柏拉圖的《 Complete Dialogues》有一個方便取得的可靠版本，編者爲John Cooper和Doug Hutchinson（Hackett, 1997）。

關於愛以及意識改變（altered consciousness）之間的化學親和性，請見第五爲了決定不奉行單一伴侶制度之人提供資訊及支持的網站可以在許多國家找到。在英國請見www.polyamory.org.uk。在美國請見：http://lovemore.com。在加拿大的多倫多，「多元伴侶在多倫多」組織的網站爲www.meet-up.com/PolyamoryToronto（譯註：連結已失效），此組織目前自豪地宣稱擁有800位會員。BBC4頻道有一部關於多元伴侶的紀錄片《I Love You and You and You—The End of Monogamy》也可在Youtube頻道上找到：https://www.youtube.com/%20watch?v=ci6t5jGR_Zo（譯註：連結已失效）。

Transformation of Intimacy: Sexuality, Love, and Eroticism in Modern Societies》(Polity Press, 1992);Eva Illouz的《Why Love Hurts》(Polity, 2012);Eric Berkowitz的《Sex and Punishment: Four Thousand Years of Judging Desire》(Counterpoint, 2012);Kyle Harper的《From Shame to Sin: The Christian Transformation of Sexual Morality in Late Antiquity》(Harvard University Press, 2013)。

關於愛的女性主義批判,有兩部偉大的經典作品,其一爲Mary Wollstonecraft的《A Vindication of the Rights of Women》(1792)(Empire Books, 2013),此書也有免費的Kindle電子書;其二爲波娃(Simone de Beauvoir)的《第二性》(*The Second Sex*),其英文版譯者爲H. M. Parshley(Jonathan Cape, 1953)。若需要更簡略的相關歷史介紹,請見跟本書同系列的作品:Elizabeth Walters的《Feminism: A Very Short Introduction》(Oxford University Press, 2005)。第二波女性主義的觀點則可參考Shulamith Firestone的《The Dialectic of Sex》(Macmillan, 1970)。

網站

若想找有關愛情的詩作,以下網址有大量作品:e-lovepoems.com(譯註:連結已失效)。另外也可以見詩歌基金會的網站:https://www.poetryfoundation.org/collections/145134/love-poems。

關於Dan Simon有關改變人們「視盲」狀態以及選擇性注意力的實驗內容,請見:http://www.theinvisiblegorilla.com和www.youtube.com/watch?v=38XO7ac9eSs 。

Aaron Ben-Ze'ev在「Psychology Today」網站經營的部落格充滿獨特的洞見:www.psychologytoday.com/blog/in-the-name-love。Marcia Baczynski的網站「Successful Non Monogamy」網址如下:www. successfulnonmonogamy.com(譯註:連結已失效)。有一檔實境節目「Polyamory: Married and Dating」在「American Showcase」頻道上播放,其主頁網址爲:www.sho.com/sho/polyamory- married-and-dating/home(譯註:連結已失效)。

延伸閱讀

一些從哲學觀點看待愛的作品。

選集和文集

Robert C. Solomon 和 Kathleen Higgins 主編的《The Philosophy of (Erotic) Love》（University of Kansas Press, 1991）收錄了許多當代哲學家的經典文本及文章節錄。Roger Lamb 主編的《Love Analyzed》（Westview, 1996）是一本當代選文集，其中觸及愛的許多面向，包括愛的目標以及忌妒的問題。觸角廣泛的《Oxford Handbook of Philosophy of Love》則將由牛津大學出版社出版，主編爲 Christopher Grau 和 Aaron Smuts。（譯註：此書於 2017 年出版。）

單一作者之著作

Irving Singer 的《The Nature of Love》共三冊（MIT Press, 2009）提供了全面性的歷史性及哲學性陳述。他的《Philosophy of Love: A Partial Summing-Up》（MIT Press, 2009）則相對簡短、通俗，更容易閱讀。

Robert C. Solomon 的《About Love: Reinventing Romance for our Times》（Hackett, 2006）針對伴侶結合之愛採取情理之內的實際觀點。此作讓人覺得爲了單一伴侶制所必須投入的苦心或許都是值得的。

Aaron Ben-Ze'ev 和 Ruhama Goussinsky 的《In the Name of Love: Romantic Ideology and its Victims》（Oxford University Press, 2008）針對「以愛之名」而持續造成的傷害進行了精采論述，其中包括一些男性殺人犯令人感到焦慮而痛苦的證詞；這些人殺的正是他們不停宣稱至死不渝地愛著的女性對象。

關於愛的意識形態所展現出的文化相對性，請見 Anthony Giddens 的《The

香帕涅伯爵夫人 Countess of Champagne
埃綠綺思 Eloïse
席拉諾 Cyrano
桑德斯 Saunders, George
《紐約客》*New Yorker*
索羅門 Solomon, Robert C.
《茶花女》*La Traviata*
馬克思，卡爾 Marx, Karl
馬克思，格魯喬 Marx, Groucho
馬爾弗 Marvell, Andrew
凱瑞 Carey, Peter
勞倫茲 Lorenz, Konrad
勞倫斯 Lawrence, D. H.
提泰妮亞 Titania
普羅克斯邁爾 Proxmire, William
《無事生非》*Much Ado About Nothing*
費雪 Fisher, Helen
費德魯斯 Phaedrus
雅辛托斯 Hyacinth
《會飲篇》*Symposium*
聖奧古斯丁 Saint Augustine
《聖德瑞莎的狂喜》*Ecstasy of Saint Teresa*
葉慈 Yeats, William Butler
道蘭德 Dowland, John
歌德 Goethe, Johann Wolfgang von
赫胥黎 Huxley, Aldous
潘克賽普 Panksepp, Jaak
《誰是席薇亞》*The Goat, or Who Is Sylvia?*
鄧恩 Donne, John
〈機運〉Chance
蕭伯納 Shaw, George Bernard
鮑比 Bowlby, John
濟慈 Keats, John
薇奧莉塔 Violetta
薩德侯爵 Marquis de Sade
羅克珊 Roxane
羅斯丹 Rostand, Edmond
羅徹斯特伯爵 Earl of Rochester

名詞對照表

《大鼻子情聖》*Cyrano de Bergerac*
厄律克西馬科斯 Eryximachus
厄洛斯 Eros
厄普 Earp, Brian
比才 Bizet, Georges
水晶組合 The Crystals
王爾德 Wilde, Oscar
〈他打我〉He Hit Me
《卡門》Carmen
史騰伯格 Sternberg, Robert
尼爾森勛爵 Lord Nelson
布雷克 Blake, William
田諾夫 Tennov, Dorothy
《仲夏夜之夢》*A Midsummer Night's Dream*
伊森伯格 Isenberg, Arnold
吉普妮斯 Kipnis, Laura
安斯沃斯 Ainsworth, Mary
安菲特律翁 Amphitryon
米德 Mead, Margaret
艾瑪・漢彌爾頓夫人 Dame Emma Hamilton
《亨利四世》*Henry IV*
克里斯徹 Christian
李約翰 Lee, John Alan
沃爾維克 Warwick, Kevin
狄奧提瑪 Diotima
貝尼尼 Bernini, Gian Lorenzo
里爾克 Rilke, Rainer Maria
亞爾比 Albee, Edward
佩爾內斯 Pernes, Arnold
波特萊爾 Baudelaire, Charles
波普 Pope, Alexander
阿伯拉爾 Abélard, Pierre
阿伽頌 Agathon
阿里斯托芬 Aristophanes
阿奎那斯 Aquinas, St. Thomas
阿爾西比亞德斯 Alcibiades
阿爾克墨涅 Alcmene
保薩尼亞斯 Pausanias
威勒曼 Velleman, David
威廉・漢彌爾頓爵士 Sir William Hamilton
威爾第 Verdi, Giuseppe
柯拉尼 Kolodny, Niko
〈爲女兒禱告〉Prayer for My Daughter
苔絲狄蒙娜 Desdemona

左岸｜心靈 373

愛：牛津非常短講 011

Love: A Very Short Introduction

作　　者　羅納德・德・索薩 Ronald de Sousa
譯　　者　葉佳怡

總 編 輯　黃秀如
責任編輯　孫德齡
特約編輯　張彤華
校　　對　劉佳奇、劉書瑜
企畫行銷　蔡竣宇
封面設計　日央設計
內文排版　宸遠彩藝

出　　版　左岸文化／遠足文化事業股份有限公司
發　　行　遠足文化事業股份有限公司（讀書共和國出版集團）
　231 新北市新店區民權路 108-2 號 9 樓
電　　話　（02）2218-1417
傳　　眞　（02）2218-8057
客服專線　0800-221-029
E-Mail　rivegauche2002@gmail.com
左岸臉書　https://www.facebook.com/RiveGauchePublishingHouse/
團購專線　讀書共和國業務部　02-22181417 分機 1124

法律顧問　華洋法律事務所 蘇文生律師
印　　刷　呈靖彩藝有限公司
初　　版　2024 年 2 月
定　　價　360 元
I S B N　978-626-7209-90-5（平裝）
978-626-7209-79-0（EPUB）
978-626-7209-78-3（PDF）

國家圖書館出版品預行編目(CIP)資料

愛：牛津非常短講11
羅納德．德．索薩(Ronald de Sousa)著；葉佳怡譯.
——初版——新北市：左岸文化出版：遠足文化事業股份有限公司發行，2024.02
216面；14x20公分. ——(左岸心靈；373)
譯自：Love: a very short introduction
ISBN 978-626-7209-90-5(平裝)
1. CST: 愛　2.CST: 倫理學
199.8　　113000121